FRANCY LACROIX

AVIATEUR

—

EN PLEIN CIEL

IMPRESSIONS D'AVIATEUR

SENSATIONS

DE VOL

LA

GUERRE

EN AVION

LIBRAIRIE PLON

EN PLEIN CIEL

« Ne pas monter bien haut, peut-être, mais tout seul. »

(Cyrano de Bergerac.)

Ce volume a été déposé au ministère de l'intérieur
en 1918.

DU MÊME AUTEUR

Rêve d'exil. Pièce en un acte, en vers. (*Paris-
Revue*, éditeur.)

———

EN PRÉPARATION

Les Douloureuses Tendresses. Poëmes. Lettres
à l'aimée.

Mon coin de ciel. Souvenirs de guerre à l'aviation.

PARIS. TYP. PLON-NOURRIT ET Cie, 8, RUE GARANCIÈRE. — 22588.

FRANCY LACROIX

AVIATEUR

EN PLEIN CIEL

IMPRESSIONS D'AVIATEUR
SENSATIONS DE VOL
LA GUERRE EN AVION

PARIS

LIBRAIRIE PLON

PLON-NOURRIT ET Cie, IMPRIMEURS-ÉDITEURS

8, RUE GARANCIÈRE — 6°

1918

Tous droits réservés

PRÉFACE

Écrire sur l'aviation un livre inexistant encore, révélant la vie au ciel dans sa pluralité et sa complexité, tant dans la paix des aérodromes que dans les péripéties de la guerre, tel a été mon but en composant ces pages.

Les deux premiers chapitres caractérisent en somme l'esprit de l'aviation. « L'évolution du vol » trace les diverses phases de la conquête de l'air. « Les sensations du vol », après une analyse générale, donne les nuances de ces sensations modifiées.

Base sur laquelle reposent les développements postérieurs, « La physiologie du vol » ébauche le décor inédit de la terre vue en aéroplane.

« L'aile qui s'ouvre » montre la naissance d'homme-oiseau : esquisses, croquis, profils d'impressions, de sentiments, de paysages qu'on ressent, qu'on découvre en devenant aviateur.

« L'aile éployée » le complète en évoquant quelques-unes des situations les plus émouvantes du pilotage.

Cette partie comprend donc les éléments propres à l'aviation.

La vie au ciel étant divulguée, il devient plus aisé de s'imaginer la guerre aérienne. La seconde partie se propose cette initiation.

La cinquième arme, sortie de la période de tâtonnements, n'en continue pas moins à suivre une évolution sans cesse changeante. Ses progrès matériels, la création, la mise au point, l'application de méthodes d'utilisation militaire, précisent tous les jours son emploi. Il est trop tôt pour écrire l'histoire. Ces derniers chapitres devront donc se compléter des perfectionnements encore inconnus ou secrets à l'heure actuelle.

Ces pages je les offre en pieux hommage à la mémoire des martyrs du « plus lourd que l'air » qui payèrent de leur sang notre affranchissement ; à ces hommes presque oubliés déjà et qui surgissent en triomphateurs fabuleux dans mes réminiscences d'enfant, à ces prophètes grâce auxquels nous avons pu consolider nos ailes et gravir le double infini de la route nouvelle qu'ils nous ont dessinée.

Ces pages je les offre comme une prière au souvenir de cette pléiade de jeunesse immolée pour une sainte cause dans la patrie en deuil.

Je les offre comme un portrait à tous les combattants de l'air et à leur famille.

Ces impressions, recueillies depuis des années, complétées au-dessus des champs de bataille, vécues en plein ciel, écrites au grondement du canon, entre deux missions, dans l'incertitude du lendemain, ces impressions auront porté leurs fruits si j'ai réussi à préciser dans le cœur d'une mère, d'une veuve, d'une fiancée, l'image douloureuse et réconfortante d'un héros mort, ou d'un mort anonyme; si ces pages leur apportent comme un écho de la vie qu'elles reflètent; si elles permettent à quelque « Aimée » anxieuse de se mieux représenter le cadre et l'ambiance dans lesquels combat un être cher; si dans un nid, plus tard, j'évoque la silhouette passagère de l'oiseau adoré; si mes camarades aviateurs y trouvent la traduction fidèle de ce qu'ils ont éprouvé.

Francy LACROIX,

Aviateur militaire.

Front belge, mars 1917.

PREMIÈRE PARTIE

IMPRESSIONS D'AVIATEURS
SENSATIONS DE VOL

CHAPITRE PREMIER

L'ÉVOLUTION DU VOL

La psychologie du vol et de l'aviateur varie en raison de l'évolution de la conquête de l'air. Avant d'en entreprendre l'étude, il faut se faire une idée exacte de cette évolution.

Le développement de l'aviation est aussi surprenant par sa rapidité que par son importance. Après des siècles d'attente toujours déçue et de désirs irréalisés, après une multitude d'expériences coûteuses et décevantes tentées pour la matérialisation d'un rêve, de géniaux inventeurs esquissent la solution si ardemment cherchée. Et, pour la première fois, en l'espace de quelques mètres, sur un engin difforme de toiles et de bois, un homme s'enlève de terre pour les cieux étonnés.

A cette date, une nouveauté vient d'être créée : le vol. Mais le but du plus lourd que l'air paraît tellement osé et fantastique que les rares aviateurs et leurs envolées minuscules restent quelque chose de lointain dans une atmosphère d'irréel.

L'idée si difficilement conçue, à peine enfantée, grandit magiquement. Les merveilles de la science produisent des moteurs, engendrent des ailes, l'âme enthousiaste fait des héros. Dans le calme de l'aube ou du crépuscule des hommes-oiseaux s'élèvent d'un vol pesant, dangereux, souvent terminé par une catastrophe, mais d'un vol tout de même.

L'attention du monde est provoquée; dans un domaine vierge et longuement convoité, une voie sans bornes s'ouvre au progrès, au sport, à l'imagination. On n'ose évidemment pas envisager cet essor au point de vue sensations et beauté : il est un bond qu'on risque sans le vivre, tout au sentiment qu'on a quitté le sol et qu'il faut y revenir.

Arrivent alors 1908, 1909, 1910, années de victoires étourdissantes et d'exploits sans cesse magnifiés. Les aviateurs se couvrent de gloire et tentent la fortune par de multiples exhibitions et les premiers voyages.

De cette époque date le vrai vol, qui, méritant son nom, est possible aux rares amateurs privilégiés du sort. Il est possible mais reste extraordinaire. Une contrainte très marquée pèse sur le monde. Le désir exprimé d'une promenade aérienne s'évanouit souvent au moment de sa réalisation. D'ailleurs l'occasion de voler est rare ou onéreuse. Souvent la

famille s'oppose au moment du départ.
C'est naturellement à cette époque que le
baptême de l'air procure le plus d'émotions et de jouissances.

Mais ce temps de crainte du danger,
d'hésitation à quitter la terre, si fortement
ancrée dans la plupart des cœurs, va passer vite sans doute, en raison des perfectionnements rapides et importants du
sport triomphant? La vogue de l'aviation
ne tardera pas à s'immiscer partout, précisant les désirs, diminuant les appréhensions, tentant les audaces? La vulgarisation des transports en aéroplane n'est plus
qu'une question de mois?

Non! Bientôt l'étoile des pilotes pâlit.
Beaucoup perdent leur vie en voulant la
gagner. Le public blasé abandonne les
aérodromes payants; de nombreux aviateurs doivent délaisser leurs appareils, plusieurs constructeurs ferment leurs ateliers.

Un instant, avec l'imprévu et la rapidité qui la caractérisent, l'aviation s'impose à nouveau par le bouclage de la boucle et autres excentricités subtiles. Mais elle était décidément entrée dans une phase de recueillement, de silence et de lassitude, et y retombe. Au milieu de l'oubli grandissant, des gens s'attristent de ne pas avoir volé aux meetings quand c'était possible ; d'autres regrettent la conquête arrêtée de l'air qui n'a pas mis le ciel à portée de tous.

Tout à coup éclate, en 1914, la guerre européenne. Douloureux réveil pour certains, en présence du travail accompli et de celui qui reste à accomplir. La cinquième arme, anémiée, ressuscite. De nouveaux types d'avions sont conçus, construits, volent. On atteint des résultats inespérés. Partout des écoles s'ouvrent. Dans la hâte fébrile du retard à combler, des besoins à assouvir, des morts à remplacer, on forme des pilotes choisis dans une pléiade d'ardente jeunesse.

Et c'est la revanche éclatante et décisive de la navigation aérienne sur l'incurie et le scepticisme, ces nombreuses couvées d'oiseaux qui se forment des ailes aux aérodromes, s'essayent et se fortifient dans leurs randonnées, puis partent dans la radieuse migration de leur poétique théorie vers le front, vers le combat, vers la victoire !...

Maintenant, à la timidité des débuts succède la franchise acquise; l'essor extraordinaire est remplacé par le geste naturel : on vole simplement sous toutes conditions atmosphériques.

Que réserve l'avenir? Une ère de léthargie probablement. Le but utilitaire de l'aviation étant uniquement militaire et les besoins de l'armée se réduisant considérablement après la guerre, la conquête de l'air subira une nouvelle crise de décroissance. Car, loin d'entrer dans le domaine pratique, elle reste très onéreuse, dangereuse, donc peu abordable.

En quelques années, l'aviation passe de l'inexistence à la folie du moment, puis, après des arrêts qui deviennent presque de l'oubli, après de renaissantes et fugitives actions, sa dernière date glorieuse est le conflit européen.

Pendant ce laps de temps, — berceau du sport aérien qui en garde comme arceaux tant de tombes, — durant toute cette période de conquête et d'affranchissement résumant l'évolution du vol, nombreux sont ceux que l'aile fascine : quelques-uns qui n'y ont jamais songé, d'autres qui n'ont jamais pu et ceux enfin qui réalisent leur vieux rêve. Ils vivent d'abord l'épanouissement des sentiments et des sensations. Puis, comme tout ce qui se vulgarise, se militarise, l'aviation quitte sa période d'idéalisme et les émotions d'aviateur diminuent... Mais longtemps, longtemps après la guerre, quand, le calme rétabli, l'époque des troubles et des héroïsmes sera lointaine, quand les cieux libérés des oiseaux de mort auront repris beaucoup de leur impérieuse solitude, de toute cette floraison féconde du passé vécu, peut-être incompris, s'exhaleront le parfum et le charme du souvenir...

CHAPITRE II

LES SENSATIONS DU VOL

La recherche des sensations du vol ne consiste pas uniquement dans l'analyse succincte des minutes séparant l'essor de l'atterrissage. Il faut y ajouter les événements qui constituent ce vol, l'enveloppent, s'y attachent, pour pouvoir constater et spécifier l'état d'âme correspondant de l'aviateur et du passager.

Matériellement, une promenade aérienne a toujours été et sera toujours ce qu'elle est. Mais la diversité des spectacles qu'elle présente, leur nouveauté, leur invécu surtout, et puis une crainte vague justifiée par tant d'accidents, lui trace, faiblissante avec les années, une auréole qui passe de l'extraordinaire à l'originalité et de l'originalité de plus en plus à un état normal.

Une randonnée en plein ciel est généralement la récompense d'une attente qui en souligne l'agrément. Elle s'accomplit suivant des conditions difficilement conciliables soumises à l'état atmosphérique et au degré changeant lui-même de la conquête de l'air.

D'un ensemble de vols seulement peut venir un ensemble de sensations et de sentiments. Comme ceux-ci varient à l'infini suivant la sensibilité, le désir, le caractère de chacun et les circonstances qui les produisent, comme en aviation ils se composent d'un mélange d'émotions aux causes très nombreuses : émotions à fleur de peau par le plaisir des sens, presque imperceptibles, émotions plus profondes et plus complexes par la satisfaction d'une curiosité, la réalisation d'un rêve, presque indéterminables ; émotions du danger invisible et présent qui ajoute le charme et la saveur du fruit défendu, presque inexistantes ; émotions poétiques de contempler des spectacles neufs, grandioses, sans cesse variés, presque indescriptibles ; enfin émotion d'un laisser paraître qui fait dénigrer les moments vécus, longtemps inavouée, pour toutes ces raisons il est impossible de définir un vol et de répondre à la question maintes fois posée : « Quelles sont les sensations éprouvées en aéroplane ? »

Mais il est des faits généraux propres à l'aviation. Normalement, on ne ressent pas le vertige en aéroplane. Le vertige est provoqué par l'attraction brusque des lignes fuyantes qui dessinent le vide, — au haut d'une tour, par exemple. Le manque de points de repère en avion, l'absence de contact terrestre en supprime la cause. On peut cependant ressentir ce phénomène au cours d'acrobaties, à la suite d'un malaise accidentel.

L'essor est une glissade longue et douce, infiniment souple et berceuse sur l'air tranquille, ou bien un passage saccadé sur les vagues invisibles que forment, véritable houle céleste, les coups de vent et les remous de chaleur.

Ainsi que l'état atmosphérique, les évolutions de l'aviateur influent beaucoup sur les impressions produites par le baptême de l'air.

On se hisse, avec toute l'inélégance et la maladresse d'un profane, jusqu'au siège fixé entre les ailes. Le moteur ronfle; et de ne plus rien pouvoir entendre d'autre, un peu de séparation déjà commence.

L'avion tressaille et part. Souvent le passager se cramponne en un geste de surprise. De plus en plus rapide, la fuite des brins d'herbe se change en longues rayures. On sent une sorte d'allégement, mais à travers une oppression bizarre. Les yeux pleurent sous le vent brusque qui contrarie la respiration. Comme on se penche pour regarder si l'on roule toujours, on voit avec émotion les roues détachées de terre... On vole... On monte... Plus de chocs... Rien qu'un long frôlement, doux comme une caresse... un frémissement qui surprend, inquiète, trouble... charme... tente et se renouvelle. On vole... Frisson qui grise...

Sensation indéfinissable qui se dégrade, se calme en un apaisement de rêve... État comparable à l'exaltation éprouvée à certains contacts : phrases harmonieuses, mots chantants d'une poésie, notes trou-

blantes d'un morceau de musique, à l'au-
dition desquels on vit inconsciemment et
délicieusement hors de soi-même, comme
d'une seconde vie... Puis seulement curiosité qui s'éveille, s'étonne et cueille dans
un paysage inédit des panoramas et des
détails qu'elle n'oubliera jamais. On
monte... Sentiment voluptueux de grandeur, de paix et d'infini... On vole... La
vitesse semble diminuer, la satisfaction
grandir dans l'épuisement de l'émotion
première... Un virage... Les ailes s'inclinent... Souffle brusque... on glisse sur
son siège, on cherche à se rattraper en
une recrudescence de surprise et d'émotif
plaisir... on perd notion de l'équilibre.
Enfin on a tourné, on s'empresse de se
composer un visage souriant et détaché
si le pilote esquisse un geste interrogateur!... La sensation de sécurité renaît
et s'amplifie... L'œil habitué reconnaît et

détaille : ce filet blanc pommelé d'arbres,
la route... une ferme...un village... puis
une infinité de carrelages soulevés par un
imperceptible relief; des champs, des prés,
des bois.

Soudain, la main saisit instinctivement
le fuselage... Souple bond de montagnes
russes... Petite crispation... Un remous
vient de soulever l'appareil... Sourire
impassible évidemment à l'aviateur... Puis
regard de plus en plus rassuré vers le
sol... Voici l'aérodrome, les hangars...
et ces points minuscules, ce sont des
hommes?... Appréciant ses effets, comme
on se rend compte de la hauteur lorsqu'on
songe à la descente!... Elle commence...
Le moteur tait son grondement... Les
ailes chantent en fendant l'air... Nouvelle
et plus forte crispation causée par la rapidité de la plongée. Quand cela finira-t-il?...
Est-ce normal?... et maintenant la terre

monte, inclinée?... Non! l'avion plonge en
virant... Comme le sol est proche... et fuit
rapidement... On ne le touche pas encore?... La vitesse diminue... l'aéroplane
se redresse... un frôlement... il ralentit...
s'arrête.

Le vol est terminé; le souvenir commence. Et, loin de ces minutes qu'on voudrait bien répéter déjà ou qu'on se jure de
ne plus revivre, les sens étonnés tout doucement s'apaisent.

Si votre parrain de l'air vous interroge,
on lui répond en général — c'est de bon
ton : — Mais c'est exquis... On n'éprouve
rien du tout... sauf au départ... un peu en
vol... et surtout à l'atterrissage...

BAPTÊMES DE L'AIR

1910.

Comme nous l'avons vu, les impressions d'une promenade en aéroplane sont multiples et très variables. Certes, aux temps héroïques de l'aviation, les baptêmes étaient incomparablement plus riches en sensations et sentiments qu'aujourd'hui. Aussi les sportsmen qui n'ont pas goûté de l'air aux premières années de sa conquête ont-ils perdu une des plus profondes voluptés du vol dans ce qu'il possédait de mystérieux et parfois de sublime. Plus le temps passe, plus les avions se perfectionnent, plus les essors se multiplient,

moins les nouveaux initiés ressentent
d'émotions délicieuses et si diverses qui,
dans un avenir lointain, deviendront de
simples agréments. Et ceux qui ont eu le
bonheur de vivre ces minutes exquises à
leur plénitude de jouissance doivent être
reconnaissants à la volonté qui les a provoquées, aux circonstances qui les ont
permises.

Je me rappellerai toujours mon baptême de l'air. C'était à l'aérodrome de
Kiewit, en septembre 1910. Le soir tom-
bait. Depuis le matin, le vent n'avait cessé
de souffler avec ce qu'on nommait alors
violence. Mon angoisse de ne pas voler
augmentait avec l'heure, — et ce fut la
plus forte de cette journée. Avec anxiété,
je regardais flotter au haut de son mât la
flamme blanche signifiant : « On volera

probablement. » Je me sentais déjà heureux d'être du petit nombre des privilégiés
admis aux hangars. Très ému, plein de
ferveur et d'admiration, j'avais contemplé
et touché pour la première fois le frêle
engin de bois et de toile qui devait m'enlever; j'avais regardé avec une joie mêlée
de respect les aviateurs présents, et si
proche de la réalisation de mon rêve je
commençais à désespérer en me prome-
nant sur la plaine.

Deux des côtés qu'elle formait étaient
occupés par le public : frétillement noir
parsemé devant les tribunes égayées des
dernières toilettes claires d'arrière-saison;
groupes formés au hasard des rencontres et
des conversations, échelonnés le long des
barrières entre les buvettes; plus loin parc
d'autos vrombissantes... Partout un air de
fête et de contentement... Ancien décor
d'aérodrome, berceau de la féerie céleste...

Tout à coup la foule éparpillée se presse en une ligne dense tout le long des clôtures. Je me retourne. Sur le ciel bleu la flamme rouge : « on vole » se berce en molles ondulations. D'un des hangars, tiré à bras d'hommes, un avion sort. Face au vent il ronfle, roule, s'envole, vire, s'éloigne, revient, passe au-dessus de moi. On y distingue le pilote. Je pense, avec une émotion indicible, que je vais être bientôt dans l'infini ce petit point entre les ailes...

Le moteur s'arrête. L'aéroplane descend. On l'entoure en applaudissant. Je me précipite. Une des plus belles heures de ma vie commence. Selon le rite, après avoir soigneusement débarrassé mes poches de tout ce qui, s'en échappant, pourrait causer la rupture de l'hélice, j'essuie mes souliers à la brosse fixée au patin de l'appareil. Puis, me glissant avec précaution dans l'enchevêtrement des fils d'après les conseils donnés, je me hisse jusqu'à la planchette servant de siège au passager. Aux yeux du public étonné je m'installe derrière le pilote, les pieds pendant dans le vide.

Un vrombissement sonore me fait tressaillir. L'aviateur, levant le bras d'un geste fatidique, libérateur, tout le monde s'écarte, les mécaniciens lâchent le biplan qui court, bondit. Un souffle continu me fouette le visage. Je me penche vers les roues. Nous décollons. Un enchantement délicieux, complet m'imprègne tandis que nous nous éloignons du sol. Je ne pense plus. Je vibre à l'unisson du grand oiseau. De toute l'insouciante ardeur de mes quatorze ans, comme pour me venger de longs mois d'attente, de difficultés, d'espoir, je jouis dans la plénitude de mes sens émerveillés, sans détailler les sites que j'admire, sans provoquer les sensations que j'éprouve, sans analyser les sentiments qui me remuent. Tout, — les frissons émotifs et griseurs, le frôlement sur l'invisible, le passage du vent, la fuite de la terre, le bruit du moteur plénifiant le silence, l'attrait du danger dont on a tant parlé — tout se confond dans un bonheur suprême... Voler...

Déjà je m'habitue au charme nouveau. Nous arrivons aux confins de la plaine. Un village lilliputien se détache avec ses maisons blanches et ses toits rouges sur le ton violacé des bruyères colorant la campagne estompée. Mais je n'ai pas le temps de l'étudier : les ailes s'inclinent, je glisse vaguement sur mon siège, on vire, l'horizon change. Nous voguons à cinquante mètres d'altitude. C'est une hauteur sérieuse! Le spectacle toujours intéressant d'un aérodrome s'offre devant

nous. Je découvre avec un étonnement
mêlé de fierté la perspective grisâtre des
hangars, le parc aux autos bigarrées en leur
assemblement, la ligne noire et tremblo-
tante du public. Quelques groupes sont
épars sur le terrain. Dans l'un d'eux, que
je cherche attentivement à reconnaître, je
suis anxieusement attendu. Quoi? Pour-
rait-on ne plus se revoir? Expose-t-on sa
vie? Tout dans cet essor n'est-il pas divinement enchanteur et sans danger?

Je cherche mon mouchoir et l'agite avec
une sensation profonde de victorieuse
liberté. Sous la poussée de l'air, j'ai peine
à tenir mon bras tendu. Un frémissement
prolongé répond de la foule. Amusé, je
me penche encore plus, me souvenant des
jours où — minuscule point de cette
masse — je me réjouissais de surprendre
les gestes de l'aviateur.

Soudain je me sens soulevé de mon

siège. Oubliant tout le reste je m'y cramponne. En un soubresaut subit, l'avion vient de passer dans un remous de chaleur. Mais déjà il reprend paisiblement sa route rectiligne sous le ciel bleu. A cette époque on ne prenait pas l'utile et peut-être indispensable précaution de s'attacher et rien n'émeut comme d'être aspiré de l'appareil.

Un instant je songe avec mélancolie à la fin proche du rêve, à la réalité banale qui va me reprendre, là-bas, en dessous, dans cet infiniment petit... Le halètement du moteur devient un sifflement léger... La descente rapide, enrayant la respiration, crispant les nerfs, me surprend... Puis, c'est le doux contact avec le sol... les applaudissements qui émeuvent... le cercle des amis — nombreux alors — qui se referme... les questions posées... les mains tendues...

Et, recherchant la solitude, mon âme émerveillée et reconnaissante thésaurise d'impérissables souvenirs.

1912.

L'époque de la vogue florissante est écoulée déjà. L'aérodrome au terrain morcelé s'est revêtu de la nostalgie des choses finissantes : hangars abandonnés, tribunes délaissées, barrières tombantes, vieux écriteaux.

Quelques amateurs y montent encore, attirés par l'occasion de voler avec un pilote autrefois célèbre. Tandis qu'on roule sur la piste l'avion aux ailes poussiéreuses, l'un d'eux accomplit les formalités d'usage et signe le fameux papier dégageant la responsabilité de l'aviateur. Puis il s'installe, l'appareil s'envole...

Et ce qui frappe surtout, la première

surprise passée, c'est de voir, de sentir le vide qui se creuse partout et vous isole. On se croirait porté sur un courant d'air. Toujours la même fascination, un peu désenchantée pourtant par l'ambiance du décor attristé d'une splendeur éteinte. Mais petit à petit, au-dessus des campagnes idéalisées de teintes exquises, on se prend à rêver, on vit d'une autre vie toute pleine d'étonnements, de frissons, de nuances. Indéfinissablement on songe, on est heureux au ciel.

Ce qui surprend le plus peut-être, c'est de se retrouver simple piéton sur la plaine désertée, de devoir répondre aux questions pressantes, et puis, le lendemain, replongé dans la vie ordinaire, de lire, en souriant, parmi le coudoiement des passants qui l'ont lue, une relation de votre vol.

1913.

Un nouveau perfectionnement s'introduit dans la construction des aéroplanes, diminuant, par le confort qu'il donne, une des sensations les plus palpitantes du vol. Jusque maintenant le siège frêle suspendu par des attaches minces et vibrantes vous isolait de l'avion. On ressentait autour de soi la folle poussée du vent, l'impression très nette et très forte du vide. Et les membres se détachaient directement sur le paysage. Aujourd'hui un fuselage capitonné, véritable barque, vous unifie à l'appareil, enlevant la sensation frissonnante de solitude vertigineuse en plein ciel.

1915.

La guerre mondiale de 1914 change brusquement la face des choses. Ressuscitée, l'aviation entre dans une phase de fécondité inespérée. Les constructeurs sortent en hâte de nombreux appareils. En hâte, une pléiade de jeunes gens s'offrent à les conduire. Le baptême de l'air ne consiste plus en une recherche raffinée de sentiments et de sensations. Tout remplis d'illusions et d'espoirs, pénétrés de leur devoir et de leur but, les nombreux adeptes, avec la volonté de se surpasser les uns les autres et de faire bonne impression à leur professeur, tâchent au contraire de les étouffer. Ils s'efforcent à se rendre compte du pilotage. Ce vol d'ailleurs, au point de vue esthétique, ne présente pas d'intérêt. A l'école d'aviation militarisée chacun vient successivement, s'applique à montrer la moins mauvaise figure possible, monte gauchement derrière le pilote où il s'installe mal à l'aise et, après un tour de piste toujours

le même à quelques mètres de hauteur,
atterrit sans avoir pu rien contempler, rien
ressentir que la fatigue de son attention
trop tendue.

Des observateurs, à la préparation desquels on a peu songé avant la guerre, sont
nécessaires à ces aviateurs. Détachés de
leur arme, ils arrivent aux camps d'aviation, et leur baptême sert déjà de leçon de
visibilité et d'orientation. Ils n'ont pas
cette liberté d'esprit qui facilite la jouissance, cette insouciance, ce bien-être de
rêver, amusement vital du vol : officiers,
leur essor n'est plus un sport, mais une
mission. Ils veulent se mettre le plus vite
possible à même de la remplir. La carte
en main, ils détaillent le sol dont chaque
endroit s'identifie. Ce n'est que fortement
amoindries qu'ils éprouvent les sensations
un peu vulgarisées de l'air. Et ce qui les
frappe surtout, c'est un sentiment de

grandeur et de liberté de reconnaître la
tranchée, la ferme démolie où, presque en
aveugles, ils ont longuement vécu et lutté ;
de contempler en une vision splendide,
d'un seul regard, ce front immense et,
par delà les positions présentes ravagées
par les obus, de s'arrêter à la vue poignante du panorama d'anciennes batailles,
au nostalgique appel de la patrie envahie.

CHAPITRE III

LA PHYSIOLOGIE DU VOL

Au cours du vol, la terre subit trois genres de métamorphoses : celles créées par l'éloignement du paysage, celles qui lui sont propres au gré des saisons, celles qu'engendrent passagèrement les nuages et les phénomènes de lumière et d'ombre.

Les changements ne sont pas appréciables au moment de l'essor. Tout au plus y a-t-il une légère modification par l'absence des lignes fuyantes qui nous attachent au sol quand nous le considérons d'un endroit en relief. Mais bientôt la perspective habituelle se transforme en

une sorte d'écrasement léger et bizarre.
Dans les champs, les fossés, sans profon-
deur, deviennent des sillons et les sillons
des rayures. Les haies limitrophes semblent à fleur de terre. Au long des routes
les arbres se transforment en bouquets
dont la masse englobe le tronc et se calque
en fines ciselures sur leur blancheur. Les
maisons s'aplatissent sous leurs toits
englobants. La vie rurale se distingue très
bien autour des fermes : entre les bâti-
ments diminués et les murs de clôture
insignifiants, fermiers et fermières travaillent. L'œil peut cueillir avec une précision extraordinaire la majorité des
détails : l'homme tient en main un ins-
trument qu'il dépose pour vous regarder
évoluer; sa femme, au pas de sa porte,
sort pour vous suivre des yeux; leurs
enfants amusés accourent d'une grange et
gesticulent; inquiets, les chevaux lèvent

la tête au bruit du moteur et piaffent; les
vaches s'effrayent au brusque effleurage
de l'ombre de l'avion; les poules picorent,
indifférentes, les pigeons s'envolent et
semblent planer à ras du sol en un flotte-
ment très drôle. Tout cela se précise
subitement et passe. Car au début, le vol
donne une forte impression de vitesse qui
diminue en raison de la hauteur.

Jusqu'à deux cents mètres d'altitude
environ, le terrain défile rapidement avec
une admirable netteté. Les champs, les
prés, les bois se succèdent. Paraissant
tourner pour montrer leurs façades, les
maisonnettes fleurissent. Les routes glissent et se croisent comme les rails d'un
chemin de fer. Vient un village. Tel
autour d'un récif un moutonnement de
vagues, le clocher de l'église émerge d'un
ensemble confus et houleux de toits. On
approche. Leur agglomération se désa-

grège, les groupes de maisons se dessinent. Vus à la verticale, ces groupes
révèlent les mille petits riens propres à la
campagne : linges séchant entre les arbres,
détachés comme des marguerites sur une
prairie, cabanes minuscules, éparses dans
les jardins à peine enclos qui forment des
parterres d'un grand parc. En embran-
chements divisant l'enchevêtrement des
habitations, les rues s'élancent de la place
et se dispersent, devenues routes, à travers les plaines. Leurs rubans entrelacés
divergent vers les lointains, se posent sur
les vallonnements appesantis des sites et
vont se perdre aux confins embrumés.

Moins déformés par la perspective que
le paysage, les piétons se reconnaissent
très bien. On identifie aisément cyclistes,
voitures, automobiles.

A partir de deux cents mètres, l'impression de vitesse diminue. On peut s'attar-

der plus longuement à un endroit fixé.
Jusqu'à mille, les hommes et la généralité
des détails restent parfaitement visibles,
mais, dès trois ou quatre cents, l'animation
cesse d'être apparente.

Plus on monte, plus l'horizon élargit
son cercle au contour évaporé en grisaille
confuse. La terre semble s'écraser sous le
regard trop pesant. Toujours peu mar-
qués, les vallonnements se muent en un
immense plateau carrelé de champs, de
prés, de bois, fleuri des tons clairs d'un
village ou de maisons disséminées.

Le panorama se voile d'une rêveuse léthargie. La vitesse virtuelle devient nulle.
Si nulle qu'après un ralenti progressif
à la montée, surplombant le passage de
plus en plus lent du sol, on croirait s'arrêter, flotter sur l'air, à la dérive. Mais, en
raison de cette lenteur, la dimension des
chemins à parcourir diminue, et l'on

s'étonne du nombre de kilomètres rapidement couverts à une si faible allure.

Les hommes, formes clairement marquées au début, après s'être changés en taches deviennent des points. Il faut de l'habitude et de l'attention pour les découvrir de douze cents à dix-huit cents mètres, hauteur de laquelle ils ne sont plus naturellement perceptibles.

Tout rapetisse d'une diminution délicate et presque irréelle. Sur un fond coloré, les routes entre-croisent leurs multiples filaments comme les trames d'une toile d'araignée. Les maisonnettes y épinglent leurs corolles blanches, rouges ou noires. De-ci de-là, à l'un des innombrables croisements de chemins, les villages s'épanouissent. La silhouette bleu sombre des forêts, contrastant avec l'émail brillant des pièces d'eau, se case entre le vert clair des prairies et le brun des labourés. En une teinte mauve indéfinie, les villes assoupies étendent une masse fumeuse. Tout est infiniment plat, paisible infiniment.

Trois mille... Cinq mille mètres... La physionomie ne se transforme presque plus. A peine si, suivant l'échelle d'une immense carte géographique, dans une parfaite harmonie, les choses deviennent plus lointaines, minuscules, lilliputiennes. On dirait l'image de la réalité.

Aux métamorphoses du vol s'ajoutent celles des saisons.

En hiver, la terre montre l'aspect désenchanté de teintes uniformes. Dans le dénuement du sol où les routes se marquent plus blanches, le noir domine. Noirs les champs incultes. Noires les branches défeuillées des arbres dont on pénètre l'émaciation. Noir si terne qu'il en paraît gris comme par insuffisance de lumière. La verdure des prés est fanée. La floraison des maisons semble ternie par la tristesse ambiante.

Il neige? Le relief se perd plus encore sous ce manteau niveleur qui revêt tout d'une monotonie souriante et le rend méconnaissable. Le noir général disparaît, les forêts se drapent, les villages se blottissent dans une éblouissante blancheur universelle, blessante par sa luminosité, trop égale à elle-même, trop infinie. Reflétée sur cet étincellement laiteux, la pâleur du soleil devient magiquement incandescente.

La neige commence à fondre. Les chemins battus esquissent une courbe sinueuse. Des branches, agitées par les vents, perdent leur parure de marbre. Les villages secouent leur froide enveloppe. Les villes se montrent pareilles aux estampes de Noël. Tout cela naît en taches, comme des îlots poussés sur la nappe auparavant immaculée. La neige se retire à leur contact, se masse en groupes de plus en plus espacés, diminue, s'évanouit... Et c'est à nouveau la noire grisaille de la terre sous le ciel gris.

Opposant aux derniers froids de l'hiver la première douceur de ses beaux jours, le printemps arrive avec le charme exquis de sa renaissance. Frissons verts qui luttent contre le noir et le submergent, cette mousse ténue poussant comme un léger duvet sans laisser deviner le futur champ d'épis, ces bourgeons frémissant partout, pleins de promesses, d'ardeurs et d'espoir. De là-haut, on croirait voir la terre muer. Et le printemps achève sa métamorphose pour céder la place à l'été.

Alors les campagnes s'habillent richement de parures variées. Bien rares les carrés bruns des labourés piquetés de betteraves. Les furtifs frissons sont devenus d'épais manteaux ; vert clair, les mers de blé dont la houle moutonne en vagues opulentes saignant de rouges coquelicots ; vert-bleu, les taches mystérieuses des sapinières ; vert cru, les trèfles, mais estompés bientôt de mauve en mûrissant ; vert foncé, les arbres au long des routes ; vert pur, les prairies ; différemment nuancées les forêts magnifiques, et, gaie dans ces tons chauds, la note riante des maisons, des hameaux et des villes.

Puis les champs jaunissent en une éclosion d'or. Les moissons dressent en gerbes les blés fauchés. Ils offrent une très curieuse physionomie ainsi transformés par un arrangement symétrique. Partout commence un lent travail de décomposition. Les couleurs vermeilles se dégradent l'une après l'autre. Le vert, le rouge, le mauve, le brun se confondent, envahis par la teinte confuse des paysages hivernaux. Allumés comme d'innombrables encensoirs, des feux consument les débris de l'été, allongent dans la même direction de longs sillages de fumée qui semblent absorber tout dans leur fuite vers l'horizon brumeux. Cette dégradation du coloris mourant contraste avec les tons plus vifs, mordorés et changeants des forêts que la défeuillaison magnifie pour mieux les déparer.

Ce fut l'automne.

Ces paysages d'une multiplicité, d'une magnificence si neuves, ne sont que le décor d'un fantastique jeu de lumière et d'ombre. La nature se plaît à travailler

continuellement la physiologie du vol pour
qu'il ne soit jamais identique à lui-même.
Tantôt, c'est l'horizon immense que borne
seule aux lointains azurés la faiblesse du
regard, le bleu sans fond du ciel qui fait
voguer dans un double infini. Tantôt, c'est
la brume ourlant les choses de son mystère, voilant le panorama au gré de l'épaisseur de ses volutes et le circonscrivant
dans son imprécision. Parfois ce sont les
deux phénomènes ensemble : face aux
rayons solaires un éblouissement d'où
émergent difficilement les grandes lignes
du site, ainsi qu'au commencement du
développement d'une plaque photographique ; et de l'autre côté une pureté
à peine troublée d'un peu de halo jusqu'à perte de vue. Aujourd'hui voici le
soleil puissant d'été qui dore la terre
d'une torpeur vibrante et en souligne
chaque teinte ; le soleil plus pâle des

autres saisons sous lequel elle s'éclaire comme d'un frêle sourire; le soleil sans rien pour le voiler. Et demain voilà la diversité des nuages y faisant courir des flaques d'ombre, rapprochant leurs masses formidables ou leurs assemblements légers entre lesquels des coins disparates du sol apparaissent; groupant leurs îlots pour former au-dessus une ravissante écume étincelante, au-dessous une voûte impénétrable et monotone d'où diffuse une terne lumière.

La physionomie de la mer est plus insaisissable encore. On croirait arriver au bout du monde, ne sachant plus où l'eau finit, où le ciel commence. Immensité uniformément glauque parfois et parfois marbrée par la tache des nuages et la proximité de bancs de sable. Étendue infiniment monotone sans la moindre révélation de vie, ou hérissée des frissons blancs d'embruns, balafrée du sillage gigantesque d'un navire minuscule. Pas le moindre relief perceptible. Et du mouvement des vagues, de leur miroitement grêle se dégage une véritable fascination accentuée par l'impossibilité d'apprécier la hauteur à laquelle on évolue.

Enfin, c'est, la nuit, une révélation troublante sous la féerie nivéenne d'un clair de lune ; à l'aube une lente éclosion dans la rutilante naissance du jour levant ; et le soir une illumination magique par l'apothéose passagère du crépuscule ou l'agonie grise des clartés défaillantes.

Il faut de longs mois d'incessante pratique de l'air pour découvrir la physiologie complète du vol.

CHAPITRE IV

L'AILE QUI S'OUVRE
La vie d'aérodrome

L'APPRENTISSAGE

Pour apprendre à voler, il existe deux méthodes contraires : l'une où l'élève-pilote est livré presque uniquement à sa propre initiative; l'autre où il monte avec un professeur un biplan à doubles commandes. Comme toutes les écoles, elles ont leurs avantages et leurs inconvénients.

Née de ce qu'à l'origine de l'aviation aucun aviateur ne voulait se risquer avec un débutant, continuée sur certaines marques impropres à l'emploi de la seconde méthode, la première développe les qualités de sang-froid, de volonté, de coup d'œil indispensables à tout pilote. Mais elle a le défaut d'exposer le novice à contracter de mauvaises habitudes, à « faire de la casse » toujours onéreuse, dangereuse souvent, parfois mortelle ou d'une influence néfaste et démoralisante.

La deuxième, solution très élégante, la plus répandue et la meilleure, facilite les débuts, donne immédiatement à l'élève la rectitude, la précision des mouvements classiques, lui permet d'accomplir les premiers essais seul avec le maximum de sécurité possible, en l'habituant petit à petit aux spécialités de l'appareil, aux conditions atmosphériques. Les qualités d'homme-oiseau, devant être innées, se précisent naturellement par la pratique, et l'entraînement donne au vol son style et son caractère personnels.

Dans la première méthode, sous la surveillance et d'après les conseils d'un chef-pilote, l'élève exécute sans « décoller » des lignes droites sur le terrain pour se familiariser avec son avion. Il acquiert ainsi l'aisance des gestes posés instinctivement. Lorsqu'il sait tenir et mener l'aéroplane au sol, il s'envole par bonds successifs d'une extrémité à l'autre de l'aérodrome pour s'exercer à quitter terre, à y revenir d'une faible hauteur. Il comprend ce que sont un départ et un atterrissage et se rend capable de les espacer de plus en plus, de s'élever de quelques mètres. Risquant un virage il prolonge son essor. Après quelques tentatives fructueuses, il est apte à passer les épreuves insignifiantes du brevet civil de l'Aéro-Club.

Dans la seconde méthode, le néophyte s'installe dans la carlingue derrière le moniteur et tient en même temps que lui les

commandes dédoublées. La leçon a lieu
dans les conditions exactes du vol normal.
Il s'évertue à comprendre les mouvements,
leur combinaison, leur amplitude et cherche à trouver le moment opportun de leur
exécution. Tout étant assez instinctif dans
le pilotage, il se l'assimile facilement :
piquer légèrement avant le démarrage,
cabrer pour quitter terre, rétablir la position normale, descendre un peu pour
virer, en inclinant les ailes — pas trop! —
corriger sans brusquerie leurs soubresauts, revenir à la vitesse minimante au
sol, atterrir... D'après ses progrès, l'élève
se substitue au professeur pour la conduite
de l'appareil. De temps à autre celui-ci
corrige une faute, crie un ordre. Puis, le
jugeant capable de conduire, il lui cède
pendant quelques tours de piste le siège
avant, restant à l'arrière pour intervenir
en cas de besoin. Le futur aviateur est

alors prêt à faire ses débuts, connaissant à fond et ayant pratiqué tous les exercices élémentaires.

La belle période de l'apprentissage, celle où l'on se sentait véritablement vivre une nouvelle vie en accomplissant quelque chose de neuf et d'émouvant, se termine dans les premiers mois de 1915. A cette époque, la militarisation des aérodromes vint leur enlever le charme de leur poésie, de leur insouciance, de leur imprévu, en y introduisant la discipline, la monotonie et la routine. Les besoins impérieux de la Grande Guerre, la formation intensive de pilotes ne représentant plus ni une élite de sportsmen ni un groupe d'enthousiastes, marquent une phase d'un peu de désenchantement.

Mais cette vulgarisation auréole le souvenir des jours de fièvre écoulés dans l'attente, quand, avant de prendre son essor, il fallait voir la flamme tricolore tomber le long de sa hampe en molles ondulations, lorsqu'on devait guetter le calme matutinal ou l'apaisement crépusculaire pour savourer quelques minutes de délices en se sentant Maître des ailes.

PREMIER VOL SEUL

Dans la méthode généralisée d'apprentissage par doubles commandes, le premier vol seul reste toujours une date, autant par la ferveur qui le fait désirer que par les impressions qu'il laisse.

Après une période plus ou moins longue de quelques semaines, le chef-pilote vous juge capable « d'être lâché ». On attend une heure propice — parfois bien lente à venir ! — sous une impatience intensifiée. Toutes les conditions étant remplies on monte dans l'appareil. Moment exquis et troublant, celui où l'on s'installe dans la carlingue, où l'on sent vaguement peser la responsabilité, où le mécanicien lance l'hélice, où l'aéroplane roule dans un ronflement de joie, où l'on « décolle » enfin, très ému, avec un tel sentiment de bonheur et de fierté qu'on croirait s'envoler pour la première fois...

L'esprit tendu, sans pensées, on s'occupe exclusivement de la conduite de son avion. On monte lentement, soucieux de ne pas dépasser les limites permises. On vire en se rappelant les principes et les recommandations du moniteur. On vole; les yeux surveillent d'un regard vigilant l'altimètre, le compte-tours, les ailes, vérifiant sans cesse la stabilité longitudinale et transversale.

Petit à petit le calme naît par la confiance et une jouissance profonde et inoubliable s'y mêle. Il semble qu'on vient de rompre sa dernière chaîne. Habitué de se soumettre à une volonté qui vous trace une route toujours la même, de sentir derrière soi une présence, un contrôle attaché à vos moindres gestes et prêt à les corriger, avec un frémissant orgueil on se complaît dans sa solitude. On se retourne pour bien voir qu'on est seul. Agrandissant le tour de piste coutumier, on s'écarte un peu de l'aérodrome afin d'user de son nouveau pouvoir. Et, fait sans précédent peut-être depuis l'apprentissage, on laisse errer sur le paysage un long regard contemplatif...

Le soleil, très bas sur l'horizon, colore le site de teintes tendres, douces à l'œil, dégradées du rose clair au mauve foncé. L'ombre de l'avion glisse rapidement sur la campagne. Les champs défilent sous la nacelle et s'immobilisent au lointain.

Blotti dans une forêt changée en massif,
quelque village dessine son image mièvre.
La féerie du bleu décoloré et transparent du
firmament s'étend au-dessus de ce décor.
Partout règnent la paix, le silence, le rêve...

Et l'on est roi dans cette immensité,
on sourit à sa royauté, on se sent heureux
et libre sur ces ailes obéissantes. Cette
naissance d'homme-oiseau — car c'en est
une — procure des minutes divines...

Mais ce n'est qu'une naissance : le
moindre imprévu vous le rappelle. Un
remous fait tanguer l'avion. Timide malgré votre ardeur, tel un enfant risquant
ses premiers pas, un frisson vous secoue
et chasse la contemplation du décor et
l'ambiance du rêve. On redevient un
oisillon en plein ciel et le grand moment,
le moment d'atterrir arrive. Un virage
classique vous remet face à l'aérodrome.
Voici la dernière ligne droite. Les hangars

approchent. Léger serrement au cœur : comme on est haut lorsqu'il faut descendre ! Sur la piste on distingue le groupe du maître et des élèves dont on devine les regards braqués sur soi, ce qui ne diminue pas l'émotion !... Encore un instant de vol... Il est temps de diminuer la vitesse de l'appareil... mais pour cela une main doit lâcher le « manche à balai »... Un effort de volonté : on se décide... La manette des gaz est fermée... Le moteur se tait... L'aéroplane pique... Le sol monte... On redresse... on glisse parallèlement à la plaine dont le passage rapide se ralentit... on se pose... on roule... on s'arrête... Le premier vol est réussi... Cris, félicitations...

Et jusqu'au prochain essor on se croit un maître de l'air par la réalisation physique de l'idéal de Cyrano :

Ne pas monter bien haut, peut-être, mais tout seul.

LE BREVET CIVIL

Au premier vol seul commence pour le
jeune aviateur l'ère la plus agréable de sa
carrière. Il sent éclore en lui et se fortifier
une vertu nouvelle. Tout devient intérêt
dans la vie d'aérodrome : surveiller dans
son nid l'oiseau que l'on dirige, étudier le
moteur, vérifier les câbles, essayer les
commandes, examiner l'appareil, dont
toute défaillance pourrait être mortelle;
se dire qu'on est le maître en l'air; en surveillant l'anémomètre, regarder, entre
deux lectures, le paysage connu qu'on
juxtapose à sa vision aérienne; contempler — spectacle d'émulation et d'appren-
-tissage — le départ, le retour de ses
camarades; choisir avec volupté l'itinéraire que l'on va suivre; s'en aller enfin

soi-même, quitter le sol, glisser sur l'air,
monter, descendre, virer, voler, appréciant la jouissance grandissante née de
l'aile qui s'ouvre...

Chaque vol au début provoque des surprises, amène du renouveau, de l'inédit,
qui influent d'autant plus sur l'état d'esprit
du néophyte que celui-ci se rend mieux
compte de son manque de virtuosité. On
s'initie doucement à l'air. Les émotions
s'engendrent et se succèdent, s'évanouissent dans la quiétude céleste pour renaître,
passagères et délicieusement effleurantes,
au premier imprévu.

Sous l'œil du professeur, on prend son
essor et l'on tâche d'observer ses dernières
recommandations. Le grand jour du brevet civil approche. Il faut s'y préparer
fervemment. Avec l'assentiment du moni-

teur, juge sévère, on en tente les diverses épreuves. On se permet un virage à droite qu'on appréhende par manque d'habitude; on boucle d'impeccables « huit » autour de trois points désignés; une fois ou l'autre on dépasse les cent mètres d'altitude, imposante hauteur, un peu troublante lorsqu'on n'a pas souvent volé comme passager; jusqu'à ce qu'on y arrive on vise le rond dans lequel l'avion doit s'arrêter. L'élève pilote est alors prêt à devenir aviateur.

Un jour la commission de l'Aéro-Club se réunit. Ému! mais très content, on s'envole. L'énervement, si naturel quand on touche au but, s'apaise avec l'action. La randonnée régulière commence. Au quatrième tour un homme de plaine agite un drapeau pour vous indiquer la fin du premier exercice. Crispation d'angoisse vague. On revient face à l'aérodrome étendu dans sa verte monotonie avec, près des hangars, le groupe noir des critiques et au centre le rond blanc qu'il faut atteindre. D'un geste brusque, la main gauche saisit la manette des gaz pour ralentir le moteur. Très soucieux d'arrêter impeccablement l'appareil entre les limites prescrites, on travaille fiévreusement son atterrissage. L'épreuve réussit. Identique, la suivante s'achève sans encombre.

Reste à dépasser une altitude minimum de cent mètres avec descente en vol plané. Un commissaire vous munit d'un barographe enregistreur. On part pour la dernière fois comme « élève ». Par un enchantement qui augmente on monte plus haut qu'on est jamais monté. Et lorsqu'on revient, lorsque après le léger frisson de la glissade aérienne, l'aéroplane, en un long frôlement, se pose sur le sol, le jeune aviateur, officiellement consacré, on goûte une

joie intime et profonde : celle que cause
toute victoire méritante, accentuée par la
promesse de plaisirs d'un ciel tentateur
dont l'infini s'entr'ouvre et souriant fascine...

AUTOUR DU NID

Jeune breveté, muni du diplôme qui
vous sacre pilote aviateur, avec état civil,
photographie, cachets, attestations, numé-
ros d'ordre, signatures et supplique traduite en six langues demandant pour vous
aide et assistance cordiales en cas d'atterrissage en campagne, membre enfin de la
confrérie des hommes de l'air, on se croit
facilement un vieux loup du ciel.

Avec plus de franchise, on aborde son
avion, comme un brave camarade. On
s'installe dans son fauteuil avec ses petites
manies déjà. Un coup d'œil examine le

fonctionnement des commandes. L'oreille connaisseuse écoute le chant du moteur. Après le geste libérateur, face au vent on s'élance...

La préoccupation ressentie naguère au départ se transforme en une absence de raisonnement que causent la confiance née des précédentes réussites et la tension persistante des nerfs et de l'esprit. A peine s'élève-t-on qu'une sensation extraterrestre d'apaisement vous pénètre. Bien des situations surprennent encore et font courir dans l'être un frisson émotif. Cependant on se sent mieux chez soi dans la nacelle confortable, au grand ciel qui s'agrandit toujours, au-dessus de la terre rapetissée entre l'éloignement croissant des horizons. Sentiment exquis dont le charme imprègne et grise jusqu'à l'oubli lorsqu'on a la vocation d'aviateur, cette éclosion du panorama qu'on n'avait pas rêvée, cette lente pénétration des mystères de la navigation aérienne, cette douce communion à la vie d'oiseau, cette assimilation à l'air, toute pleine de découvertes. Ces révélations se combinent à une détente délicieuse de liberté qui les idéalise. Liberté, ce bond qui vous détache du sol et vous ouvre le ciel. Liberté, ce chemin sans borne qui peut croiser toutes les routes à toutes les altitudes et dans toutes les directions. Liberté, cet enjambement infini des arbres, des villes, des plaines et des montagnes.

Chaque vol est une leçon qu'on subit sans avoir pu l'apprendre. Le moniteur vous donne des conseils. Éveillant votre curiosité sans la satisfaire, des amis esquissent d'un mot rapide et vague des choses difficilement exprimables. Et vous les vivez soudain à travers une émotion et une satisfaction inlassables.

On glisse d'abord avec rapidité à ras des champs avec l'air pur qu'on respire, le vent fou qui vous fouette, le plaisir qui vous anime. Derrière vous, les hangars reculent et se confondent à l'immensité verte de l'aérodrome. Celui-ci diminue à son tour et se case dans la mosaïque terrestre. Jeune oisillon voletant autour du nid, on n'ose trop s'écarter pourtant : la panne du moteur, le retour forcé au sol en terrain inconnu, causent une appréhension très naturelle et tout excusée qui fait subir une dernière contrainte. Au fur et à mesure qu'on s'éloigne du parc d'aviation, on goûte une libération de plus en plus définitive.

On amorce un virage, oh ! très classique encore. Le paysage évolue avec aisance. Quelle joie enfantine de suivre des yeux, sous soi, la route parcourue chaque jour en auto. Son filet blanc apparaît, mince entre les rangées d'arbres dont chacun se détache en bouquet écrasé par une curieuse perspective. En souriant, on se rappelle mille petits souvenirs, habillés comme d'une autre robe, considérés de ce nouveau point de vue. A ce tournant, sur le talus, on s'est assis un jour... un après-midi torride d'été on a trouvé bien long le chemin... Semble-t-il court de cette altitude, dans cette aisance, par cette fraîcheur... Et se succèdent ainsi toutes les choses qui s'attachent aux lieux où l'on passe fréquemment...

Inconsciemment on prend de la hauteur. Fier de son action illimitée, le regard s'exerce et cueille une multiplicité d'images : aperçus inédits, physiologie changeante, lointains estompés, encore inanalysables. Tout cela vu comme à travers un prisme qui change et magnifie, senti sous la fascination aérienne dans le frisson de l'aile qui s'incline ou plonge...

Enfin l'esprit se ressaisit pour perfectionner l'atterrissage, point délicat du vol, obsession des jeunes pilotes.

L'ENTRAÎNEMENT

Au cours des émotions renouvelées par l'imprévu de l'aviation et le rappel tragique de ses dangers, le nombre d'ascensions s'accroît suffisamment pour donner au jeune aviateur cette maîtrise de soi, cette délicatesse de doigté qui le ramène instinctivement au sol en un atterrissage impeccable. En en corrigeant les bonds inélégants, parfois néfastes, il perd la hantise de la terre traduite par la tension des nerfs et de l'esprit au moment de s'y poser. Gagnant confiance en lui-même, il se croit sûr de lui et commence à prendre un style personnel.

Pourtant le plus difficile lui reste à atteindre; le coup d'œil, instinct qu'on développe sans pouvoir l'acquérir, véritable sens qui, l'avion étant en vol plané, vous ramène à hauteur exacte en face de l'aérodrome pour vous arrêter à l'endroit choisi.

A cette époque commence un acheminement régulier et progressif pour vous habituer à l'altitude. C'est d'abord le départ joyeux dans l'allégement de tout. Déjà on n'éprouve plus le même genre de sensations qu'au début de l'apprentissage. L'assurance se substitue à l'appréhension première et engendre une gaieté sans arrière-pensée. On veut constater un progrès à chaque essor. Le regard mesure l'horizon agrandi et s'intéresse aux lentes métamorphoses du paysage. Dans sa cueillette de nouveautés, la mémoire trouve en même temps des souvenirs. Toujours un peu ému, l'homme vibre de sa vie en plein ciel. En lui l'oiseau palpitant et vainqueur s'enivre de son plus bel envol.

Le délicieux sentiment de liberté s'accentue constamment. Quelle satisfaction de commander leurs souples mouvements à ces ailes obéissantes, de se laisser bercer au gré des vagues aériennes et brusquement de changer d'altitude et de direction, sans règle et sans entrave. Quel plaisir de savourer mille détails émergeant du panorama d'après des réminiscences.

Voici l'aérodrome. Devant l'alignement des hangars, des silhouettes blanches se découpent sur le fond vert des prairies. Que d'heures il rappelle d'attentes interminables dans une impuissante rage contre un vent violent, une pluie énervante, un moteur qui ne veut pas tourner!

Et ces points noirs immobiles, petits comme des mouches, ce sont des hommes? Pauvres hommes! songe l'oiseau. La montée vous éloignant des campagnes les fait défiler de plus en plus lentement. Si lentement qu'on semble marcher au pas, — avec sans doute les bottes volées à l'Ogre par le Petit-Poucet. Comment se fait-il alors qu'on puisse suivre cette auto qui glisse sur la route, la rattraper, la dépasser bientôt?

On monte toujours plus haut, on va toujours plus loin et l'on tombe de découvertes en découvertes. Hier c'était de survoler une villa, frileuse fleur blottie dans un parc. Tandis qu'on la circonscrivait d'impeccables courbes, les yeux amusés, surprenant des gestes amicaux faits de quelque fenêtre, reconnaissaient dans leur gentillesse une pensée de femme. Avec enthou-

siasme la main répondait, évidemment!
— Oh! poésie nouvelle, cette lointaine liaison sans lien entre le ciel et la terre, cette exquise présence d'un sourire invisible égayant une solitude très douce...

Aujourd'hui c'est de surplomber — tache montueuse qui se précise — la ville où l'on habite. Comme on en approche, l'altitude permet aux regards de plonger partout presque à la verticale, et, après l'identification des quartiers, puis des rues, d'y découvrir son « pied à terre ».

On est arrivé au point culminant du bonheur aérien, celui où la joie commence à s'étioler par l'habitude. Ainsi que l'écrivait si bien un de mes amis, aviateur-poète, tué depuis, on sent

Comme quelque chose de soi qui ne prend pas son vol.

L'heure du retour arrive. Autour du nid, sans distinguer si c'est en l'air ou sur le sol, on voit s'égrener l'éclosion des ailes blanches. Fleurs bizarres qui changent de place sans paraître bouger.

Au moment de ralentir le moteur pour descendre, une émotion vague frissonne. Que le parc d'aviation paraît rapetissé!... Évidemment on aurait pu revenir graduellement à une faible altitude, se remettre de loin face au champ pour y atterrir d'une distance et d'une hauteur connues. Tout sportsman arrivé à cette phase de son entraînement dédaigne ce procédé. Ayant diminué les gaz, le grand chic — et non seulement le chic puisque cette condition résume les principales qualités de l'aviateur — consiste en ne plus devoir y toucher jusqu'à l'arrêt définitif de l'avion sur la plaine. Élégant plané, vrai vol en somme qui vous dépose par virages courts, larges orbes et louvoiements, juste à l'endroit choisi, malgré les circonstances atmosphériques et l'encombrement possible de la piste dans l'effervescence d'école.

L'AILE BRISÉE

Par un après-midi d'hiver, nous atterrissons avec l'hélice arrêtée en un plané exquis dont la douceur s'harmonise à la mélancolie des choses... Le pilote qui nous succède arrive, jeune, épris de l'air comme nous l'étions tous à cette époque dans un double but personnel et guerrier. En s'installant dans la carlingue, il m'interroge :

— A quelle hauteur sont les nuages?

— Huit cents mètres.

— Il fait bon?

— Pas mauvais. Très froid.

— Tant pis. A tantôt.

Fermant son passe-montagne sur un

sourire frileux, il saisit les commandes et s'envole... Dernières paroles!... Dernier sourire! .. Dernier départ!... L'aviateur connaît le danger. Il le défie. De ce défi toujours renouvelé naît inconsciemment un des impérissables charmes du vol.

Causant avec mon passager de ces mille riens, vie et agréments des promenades aériennes, obligés de courir ou de nous arrêter pour laisser passer un appareil, à travers la plaine nous revenons vers les hangars. Par habitude, par plaisir, nous contemplons le spectacle intéressant, parfois plein de grandeur et de beauté, de l'essor, des ébats, du retour des aéroplanes. Nombreux ils voguent, silhouettes mouvantes sur la grisaille uniforme du ciel. Traduisant cette sorte de fierté naturelle à l'aviation, jouissance encore existante de la conquête de l'air, mon compagnon, nouveau baptisé, s'extasie : « Il y a quelques instants, âme de cet oiseau, nous survolions, libres infiniment, un paysage de légende, infiniment heureux... »

... Soudain un des biplans s'incline. Il a accentué son effrayante plongée jusqu'à la verticale et laisse un sillage d'épaisse fumée. Nous n'avons pas le temps de pousser un cri : brisé, il s'émiette en un craquement sinistre. Tous ses organes méconnaissables, ailes, haubans, fuselage, — l'aviateur! — tombent en pluie sur le sol... Un arrêt de vie, indéfini; puis un bruit plus sinistre encore que le premier : le moteur — le pilote! — qui s'écrasent à terre... Les morceaux ont déjà disparu... La queue intacte où se lit un numéro d'ordre descend toujours, vacillante feuille morte...

Dans la stupeur et l'angoisse générales, le lieu de l'accident devient le but d'une course folle. De tous les coins de la plaine

des hommes consternés se précipitent.
On entend l'appel de voix étranglées. Un
commandement les domine, clair et sec :
« Évacuez la piste, attention aux appareils. » En effet. Dans le halètement des
moteurs, trois avions cherchent à atterrir,
hésitent devant cette plaine d'ordinaire
calme et libre où se traduit tant d'effervescence, devinant un malheur et crai-
gnant d'en provoquer un autre. Et les
oiseaux troublés passent à quelques mètres
au-dessus de nos têtes.

Nous courons, nous courons de toutes
nos forces sur l'herbe glissante, sur les
labourés où les pieds s'enfoncent dans la
boue des sillons. Le bois près duquel les
débris sont épars semble reculer toujours.
On sent un bourdonnement dans la tête,
le terrain chavire par instants ; la respiration est oppressée, le cœur bat au rythme
des galopades. Chacun s'interroge devant

l'irrémédiable. Nous avançons de plus en plus difficilement comme dans les cauchemars. Enfin nous arrivons près de la scène tragiquement figée.

D'abord la nacelle et le moteur enfouis dans le sol, la queue presque intacte, puis un fouillis hétéroclite d'organes détruits. Où gît le corps?

Car ce n'est plus, hélas! qu'un corps que nous cherchons.

En vol, deux pilotes ont vu l'accident. Ils ont immédiatement atterri pour porter secours. Tenant en main leur casque, très pâles, cheveux ébouriffés, ils restent debout près d'un lambeau de toile arrachée à l'aile, premier linceul que le respect pose sur la victime. Nous le soulevons non sans contrainte, pour voir quel camarade il recouvre et osons à peine prononcer le nom de celui qui nous interrogeait il y a quelques minutes, tant la rapidité foudroyante du changement nous glace.

Le buste est enfoncé dans la terre ensanglantée. La figure, tachée des yeux vitreux pleins d'épouvante, en une contraction atroce s'ouvre horriblement d'une large déchirure d'où la cervelle s'échappe.

A bout de force et de pensées nous baissons les paupières. Pour ne pas diminuer notre dose de courage et d'entrain, nous devons réagir contre cette image funeste, contre le découragement momentané qui nous menace. Car les rapprochements se font trop vite, sont trop pénibles devant ce sort qui nous guette. Car les souvenirs déjà reviennent trop nombreux et trop précis du pilote que l'on vient de quitter jeune, plein de feu et de vie, et dont on retrouve quelques minutes après la dépouille pantelante !...

Le médecin arrive, écarte la toile et se penche. Le cercle des témoins accourus se resserre. Inconsciemment, l'espoir qui vit au fond de l'homme renaît une seconde... On ne sait jamais... Les merveilles de la science... La chance... Le docteur se relève. Nos regards le supplient comme s'il tranchait la destinée.

— « Il est mort, » déclare-t-il.

Une contraction douloureuse profondément répercutée dans l'âme crispe chaque visage. Dans le chatoiement des uniformes et des insignes, dans les sanglots que la volonté irrésistible étouffe, dans le halètement des poitrines où sur certaines brillent des croix, d'un même geste les aviateurs se mettent en position, saluent... suprême hommage rendu au mort, au frère d'arme.

Notre groupe s'éparpille pour une enquête immédiate demandant à ces débris inanalysables leur funeste secret. Je me répète sans me convaincre qu'un quart d'heure auparavant je pilotais ces ailes émiettées. Je m'étonne de vivre encore et frissonne. Soudain, à plus de vingt mètres du corps, j'aperçois un pied coupé net, piqué dans l'herbe en un éclaboussement sanguinolent de tendons et de nerfs ; le pied du malheureux...

... L'horreur de plus en plus décevante de ce tableau n'avait fait qu'augmenter : pour déposer la victime sur la civière il avait fallu rassembler ses restes dans un morceau de toile d'avion. Avec notre funèbre fardeau nous roulons en auto vers la morgue. Déjà la mauvaise nouvelle nous précédait en ville. En se signant des gens que la sympathie nous attachait se demandaient lequel d'entre nous venait de se tuer... Mais près de l'hôpital le marché battait son plein. Nous dûmes traverser la foule compacte autour des baraques. Et le frôlement de cette exubérance et de notre démoralisation, le côtoiement de cette vie et de ce mort, ce contraste avec nos retours d'ordinaire si joyeux, l'écho sinistre d'éclats de rire, tout cela était infiniment lugubre...

Avec un enchaînement rapide de cauchemar, les actes du drame se sont précipités. Vu l'état du cadavre, la mise en bière a dû être immédiate. Le soir tombe. On a posé le cercueil dans une salle inoccupée de l'hôpital, impressionnante déjà par ses murs nus et blancs qui semblent de prison, par ses lits vides appelant la souffrance. Des pilotes — quelques heures plus tôt ils dînaient gaiement avec la victime — montent la garde d'honneur. Les minutes s'écoulent dans une sorte d'obsession, longues, graves, monotones. A tous ces gens habitués de sport, de bruit et de grand air, cette immobilité morbide sous la lourdeur des pensées impose une contrainte inexprimable. L'ambiance de la scène les imprègne et se marque à jamais dans leur mémoire pendant cette triste veille.

A la lueur de deux bougies, la forme du cercueil se détache sur la rigidité glacée des cloisons et se dessine sous les longs plis du drapeau. Un peu de patrie reconnaissante couvre la dépouille, remplaçant auprès d'elle la famille lointaine qu'on n'a pu prévenir. Malgré soi, cent fois on revit les affres de l'accident, on se représente les traits de l'ami disparu dont l'atroce et dernière vision hante. Régulièrement la cloche lugubre de l'église voisine martèle le silence et crispe douloureusement les cœurs.

Peu à peu, sous l'idée de devoir et de

patriotisme, les pensées s'élèvent. Dans la demi-obscurité, la croix, doublée d'une ombre démesurément agrandie par la flamme incertaine des cierges, semble offrir son immuable symbole. Dans le trou noir des fenêtres des étoiles clignotent... Et le problème de la mort, seul existant par ces minutes où la vie est anéantie, suivant les opinions... trouble... réconforte...

L'AILE VICTORIEUSE

(Lendemain d'accident.)

Les derniers rideaux de brume s'épuisent aux rayons du soleil. Dégagé, l'horizon grandit. La grisaille du firmament fond comme de la neige, les éclaircies lumineuses s'élargissent et le ciel offre le charme tentateur, le charme bleu de son sourire...

Cependant, le groupe attristé des aviateurs ne participe point comme de coutume
à cette matinale gaieté, n'accueille pas avec
la joie habituelle l'annonce d'un beau jour.
Les pilotes tiennent rigueur à ce ciel, malgré la séduction de son sourire, de l'affo-
lante tragédie qui s'y déroula hier dans un
plus mélancolique décor. Sous l'obsession
du mystère enveloppant presque inéructa-
blement toute catastrophe, ils vont chacun
en pieux pèlerinage scruter les débris de
l'avion vaincu, respirer l'atmosphère fétide
du doute, de l'inexorable fatalité. Puis ils
reviennent en lente théorie à travers l'immense plaine, discutant les causes pos-
sibles de l'accident. Las de ces points
d'interrogation sans réponses, livrés aux
souvenirs, ils évoquent et commentent les
dernières paroles, les derniers actes du
camarade mort.

... On sort les appareils des hangars.

Dorés sur un fond vert, les avions légers aux fines membrures luisantes sont tout élégance, toute beauté. Prêtes à bondir vers le ciel lumineux qui les appelle, leurs ailes déployées semblent impatientes de s'envoler.

... Voler... Quitter la terre... Après plusieurs années de réalisation, voilà toujours la chère hantise. C'est si gentil, ces gracieux oiseaux, si délicieux, le vol, si tentant, l'infini ! Sont-elles vraiment vécues ces heures tragiques de l'essor fatal, de l'aile brisée ? Pourtant bien des vides les attestent ! Le martyrologe dé l'aviation est d'une éloquence pressante !...

Peu à peu, confondues au passé, toutes ces choses funèbres s'éloignent. Le présent est là, qui veut vivre. L'avenir attend, qui promet. Bercée au vent, la flamme tricolore frissonne. On dirait un rappel réconfortant de patrie, de guerre et de devoir...

Et puis mourir en vol c'est mourir au champ d'honneur... Qui hésite est perdu : la mer reprend le marin; le ciel reprend l'aviateur.

Il s'installe dans son aéroplane. Il décolle. Il monte. Tout se ternit d'un voile de deuil. La confiance n'est plus entière. La cause introuvable de tant d'accidents, la valeur de beaucoup de victimes, la nouveauté de la navigation aérienne, forment une hantise dont l'inconnu irrite et décourage.

Petit à petit, sous la vivifiante réaction du grand air, de la lumière, du plaisir, le calme renaît et s'affirme. L'homme, un instant démoralisé, se sent redevenir oiseau, le vol reprend son style normal et sa sensation particulière de rêve et d'oubli, jusqu'à ce que, au hasard de la route suivie, le pilote passe à l'endroit du sinistre. Sur le labouré, il devine le cadavre déchiqueté

de l'oiseau tué près duquel des points noirs
— d'autres aviateurs — cherchent toujours
quelque indice révélateur. En présence du
souvenir si proche, devant l'ombre de la
mort, il faiblit et change de direction.

Mais non ! Fuir est lâche ! On doit savoir
regarder l'avenir en face, et l'avenir souvent s'éclaire. L'aviateur réagit, revient.
Sa volonté le ramène au-dessus de la scène
trop lointaine maintenant. Il veut mieux
voir pour se durcir et descend. Les détails
se précisent. Il descend. De quelques
mètres, il distingue les restes lamentables.
Ses yeux y fouillent sans se troubler. Sans
battre plus fort son cœur revit la catastrophe. Fier et ragaillardi, il remonte alors
de toute la puissance de ses ailes vers les
cieux insondables dans un éblouissement
de soleil, de grandeur, d'idéal. La terre
rapetisse. Il savoure sa foi retrouvée et
fortifiée.

Quand, un peu plus tard, il survole l'endroit fatal à la hauteur même d'où la chute avait commencé, il regarde... Sur le sol on dirait de petites fleurs éparses... L'angoisse est vaincue... L'aile victorieuse...

CHAPITRE V

L'AILE ÉPLOYÉE

CROQUIS AÉRIENS

Au cours de l'apprentissage et de l'entraînement, il est de longues heures d'attente.

Infiniment mornes dans un paysage triste, avec l'épaisse boue du terrain détrempé, la morsure brûlante du froid et la pluie diluvienne. Lassantes sous un vent âpre qui ne veut pas s'apaiser.

Mais il en est d'exquises, par les belles journées, lorsqu'on sait qu'elles ne seront pas vaines. Par contraste et rareté, l'hiver en a, avec — dans chaque tremblement de branches défeuillées comme des doigts maigris, sous le soleil aux rayons affaiblis comme un regard vitreux — une douceur de vieilles gens, glacés déjà de leur mort toute proche. Le printemps en offre, vibrantes d'espoir et de la naissance joyeuse des bourgeons et des fleurs. Par ses après-midi ombreux ouatés de chaleur, l'été en donne d'engourdissements vagues et d'intime bien-être. Et l'automne, poétesse désenchantée qui se dépare douloureusement, les voile de rêve et de nostalgie.

La vie au ciel se prépare en une ambiance de vie au grand air. Celle-là toute pleine d'émotions, d'évolutions et de travail. Celle-ci égayée par les sports mais alanguie par l'attente, l'incertitude et je ne sais quel malaise angoissant qui s'empare de tout véritable soldat retenu loin du front, même pour le service de l'air décrété partout zone de guerre, car dangereux partout.

Le farniente qui précède le vol ou lui succède vous livre parfois à la rancœur et le journal où l'on vient de lire la relation de quelque exploit nouveau vous glisse inconsciemment des mains. Dans l'inactivité forcée enveloppant des minutes fécondes, on songe tristement en suivant le passage des avions... Et puis la rêverie change. Les souvenirs se pressent en foule. On revoit les jours heureux d'antan qui ne reviendront jamais peut-être, la famille aimée qui se languit en pays conquis sous la domination ennemie... Enfin, doucement bercé par la magie tranquille des ailes, on pense à de futures performances, on se reprend à espérer désespérément le lendemain de la Victoire, la paix rétablie, le bonheur refleuri...

Tristesse d'un matin d'hiver. Sous le vent violent les branches s'agitent, les drapeaux claquent, les hangars frémissent. Bercés par l'invisible houle, les avions tanguent. On dirait la respiration saccadée de l'oiseau impatient de s'envoler.

Après avoir endossé la disgracieuse tenue du plus gracieux des sports, fortement secoués par l'air troublé nous quittions terre. Montant depuis quelques minutes, nous approchons des nuages bas et rapides. Leur nombre et leur dispersion fait ressembler le ciel à une mer polaire charriant banquises et glaçons. Nous choisissons une trouée pour franchir la zone où ils flottent. Nous les survolons. La morsure du froid devient de plus en plus brûlante. La face vultueuse, les pieds engourdis, les genoux glacés, les mains roidies souffrent à chaque mouvement. Tout l'être éprouve des frissons lancinants et la moindre réaction y fait courir un picotement douloureux. Comme à la suite de ce froid, les vagues nivéennes s'assemblent et se figent. Le sol disparaît, substituant à son décor assombri une éblouissante blancheur. Le soleil, globe d'or étincelant sous le halo diaphane d'une brume matinale, y promène ses rayons transis. Nous nous sentons infiniment seuls dans la solitude infinie.

Soudain, de la masse d'apparence impénétrable qui nous isole du monde, un biplan émerge. Petit, rapide, souple, il se dégage des crêtes, mordorées par la décomposition de la lumière dans leurs gouttelettes humides, et s'élance vers nous. Invisible pour tous, un combat simulé se déroule : spirales serrées, orbes fuyantes, retours brusques, croisements proches, virages courts, se succèdent au-dessus des flots montueux étrangement balancés au

rythme d'une perspective sans cesse trans-
formée au gré de nos évolutions.

Puis, en un piqué vertigineux comme
une chute, le biplan apparu plonge, tombe
verticalement... et ce n'est pas sans un
serrement de cœur que nous le voyons
s'engager — s'écraser, semble-t-il, — dans
le brouillard glacé qui le dérobe...

Confiants l'un dans l'autre, ils voguent
en plein ciel. Un peu d'infini semble vibrer
dans l'étroite nacelle où pilote et passager
rêvent. Bientôt la fuite ralentie du paysage
n'est plus assez rapide à leur gré. Ils descendent des hauteurs léthargiques jusqu'à
ce que la terre grandie reprenne son animation dans un vertigineux passage. Leur
jeune ardeur s'égaye d'enjamber les forêts,
de couper les routes, de poursuivre les
autos, de dépasser les trains. La satisfac-

tion qu'engendre cette liberté aérienne est inépuisable.

Soudain le moteur palpite de hoquets inquiétants. Sa force propulsive diminue. L'avion descend. Frémissant d'une crispation de rage, l'aviateur travaille pour ranimer les ailes défaillantes. Rien ne réussit. L'avion descend. Le sol approche. Et nulle part aux alentours sur les terrains hérissés d'arbres et striés de fossés, nulle part un emplacement suffisant pour atterrir!... Le pilote tente l'impossible et dirige froidement l'appareil vers quelque endroit où il devine la moindre chance de salut. Le passager frissonne d'une angoisse douloureuse à cause de son inactivité forcée qui le soumet passivement à la catastrophe en perspective. L'avion descend toujours... Les branches feuillues s'agitent presque à portée de la main... Les canaux se creusent et leur eau stagnante miroite... Un choc brutal... un craquement sinistre... un jaillissement de bois cassé, de tendeurs coupés, de toiles déchirées... Plus rien... Les lambeaux de l'oiseau prennent une rigidité cadavérique... Un dernier spasme. Les morceaux se soulèvent... Deux voix crient ensemble : « Tu n'as rien?... » Et les rescapés, étourdis par la commotion, mais indemnes, se dégagent des débris...

...Oh! l'exquise douceur de se sentir en vie lorsqu'on vient de côtoyer la mort...

Aube d'été. Brume vaporeuse nimbant les sites sans les ternir. Transformations imperceptibles et vagues des différentes couleurs configurant la terre sous l'action créatrice du levant. Tons bleu de fumée, rose pâle, mauve sombre entrelacés de halo, d'où émergent en un affleurement le lacis blanc des routes, le carrelage des champs verts et bruns, la floraison foncée des arbres et claire des maisonnettes. On dirait que le monde endormi se réveille et sourit délicieusement à la lumière diurne.

Montant toujours plus haut sous le ciel calme et pur, nous rêvons dans le bercement monotone et vivant du vol. Une sensation de fraîcheur, surprenante en cette saison, nous pénètre de son picotement. Grisés de grand air, de liberté, d'insouciance, nous voguons sans but et sans pensées, tout à l'admiration des métamorphoses paysagères...

Le soleil de plus en plus puissant s'élève à l'horizon. Bientôt les teintes diaphanes vont s'évanouir. Bientôt, sous un rayonnement d'or vif, la réalité des choses va se reconstituer. Le jour né vivra, pareil, jusqu'à l'apothéose crépusculaire. Nous préférons atterrir.

Nous atteignons deux mille cinq cents

mètres d'altitude. Pas un coup de vent.
Nul remous. J'arrête le moteur. L'hélice,
après quelques battements convulsifs, se
cale. Le grondement générateur de notre
puissance s'est tu. Une chanson très douce
le remplace : la mélopée du vent dans les
tendeurs. Le charme pénétrant par la vue,
l'ouïe et le cœur est si complet devant
cette vision, sous cette musique, à travers
ce glissement ininterrompu, l'émotion est
si prenante de savoir qu'on descend sans
recours par ses propres moyens, tout à
l'assimilation d'une faculté d'oiseau, qu'on
en frissonne éperdument.

J'échange d'abord quelques phrases
avec mon passager, heureux et surpris de
cette facilité de communication impossible
dans les circonstances ordinaires. Puis la
majesté, la beauté véritable et complète de
notre situation nous impose silence. La
sensation du plané est certes une des meil-

leures qu'engendre le vol. Je diminue
autant que possible la vitesse et nous flot-
tons divinement sur l'air étale. Plusieurs
kilomètres nous séparent de notre aérodrome qui paraît niché dans un lointain
inaccessible. La mosaïque des campagnes
coule imperceptiblement au-dessous de
nous comme le passage très lent d'une
eau paisible. Et pourtant des minutes se
suivent par cet enchantement inexprimable. Et le parc d'aviation approche. Et
les choses restent minuscules. Et toujours
l'ambiance de la même chanson très douce,
du même charme immatériel, du même
glissement de rêve...

Nous survolons les hangars à quelques
centaines de mètres encore. Comme un
oiseau qui fonce vers son nid, nous plon-
geons dans le vide à l'allure vertigineuse
d'étroites spirales. A la tendre mélopée
succède une plainte déchirante. Au pano-

rama léthargique une évolution rapide d'images que la perspective anime et déforme. Au bercement brusqué la crispation des sens surpris.

... Tout se calme... Avec les ailes redevenues horizontales, la plaine a cessé sa troublante rotation... Elle s'étend devant nous en grandeur naturelle... Nous y prenons doucement contact... Comme au sortir d'un songe, nous nous réveillons à la réalité...

Descendant d'aéroplane, de se retrouver au sol on éprouve une sorte d'étonnement, presque de malaise. Comment est-il possible que chaque chose reprenne subitement ses dimensions ordinaires et la perspective habituelle? Que les champs soient si grands, et les maisons, et les routes? Que l'on se meuve péniblement, comme

en rampant?... C'est bien piteux, les pieds
après les ailes!... Le regard s'énerve de
s'accrocher au moindre arbre, à la plus
petite colline qui lui dérobent l'horizon.
Et le désir du vol, contrarié si souvent par
un moteur en panne, un avion brisé, un
temps incertain, se demande avec inquié-
tude quand il pourra de nouveau s'assouvir...

Après avoir évolué aux environs de
leur aérodrome comme autour d'une ruche dans un bourdonnement d'abeilles,
les avions atterrissent et repartent en
un va-et-vient continuel. Seulement ce
n'est pas aux calices des fleurs qu'ils
vont puiser leur suc, mais en plein
ciel...

... En regardant, le soir, à l'heure où
la tombée du vent multiplie les essors,

on goûte longuement leur poétique théorie. Le soleil, très bas sur l'horizon,
éclaire de moins en moins le sol, comme
pour réserver ses rayons épurés aux
ailes embrasées dans le firmament plus
limpide sur la plaine plus sombre. Le
charme crépusculaire monte ainsi qu'un
parfum vers les aviateurs qui se croisent
là-haut, vivant leur vie en regardant le
soir...

... Un des aéroplanes, mordoré des
teintes lumineuses du couchant, plonge
soudain dans le vide, se redresse brusquement, si brusquement qu'il en chavire...
Est-ce une acrobatie?... Continuant son
orbe si jolie, va-t-il se rétablir? Les yeux
agrandis par l'anxiété, figés en une interrogation intense, détaillent la scène. Les
ailes retournées, les roues en l'air, et sous
la nacelle... Non! ce n'est pas possible!...
Une forme humaine qui se débat et pend,

les pieds en bas... horreur... qui se détache après quelques secondes et tombe...
tombe... tombe de cinq cents mètres de
hauteur...

... Et l'avion abandonné, gigantesque
feuille morte, descend tout doucement...

... Et le soir s'achève en sa tendresse
printanière, recouvrant l'aviateur tué de
son premier linceul...

Il souffle un vent de tempête. Le vol,
ordinairement d'une paisible douceur à
peine frissonnante au vif passage de vagues
aériennes, est devenu une succession ininterrompue de saccades brutales, de vio-
lents soubresauts. Tangage comparable à
celui d'une barque luttant contre une mer
houleuse : descentes rapides dans un vide
qui vous happe, montées soudaines sur
une lame invisible. Roulis très prononcé

où l'on constate la réaction des commandes
et le travail acharné des ailes sollicitées
par des forces contraires. Étroitement
attaché à son siège — précaution nécessaire pour ne pas être projeté hors de la
carlingue — on sent dans chaque remous
les brusques tractions des lanières sur les
membres. Parfois certains bonds vous suf-
foquent, une bouffée intempestive d'air
vous aveugle. Parfois le vent garde tant
de force qu'on ne peut redresser l'aile inclinée qu'en virant du côté où elle penche.
Quelle impression d'incertitude et de fragilité! Tout cela, combiné, produit à la
longue pour l'aviateur une grande fatigue
physique et morale. Et c'est avec une délicieuse sensation de quiétude et de déli-
vrance, une nouvelle douceur de vivre,
qu'après une sortie et un atterrissage
mouvementés, il descend de son appareil...

... Les ailes broyées s'amoncellent sur le sol. Figé par la violence du choc, leur grand geste brisé a l'air d'un dernier spasme. De toute leur élégance fragile en un instant flétrie monte une infinie tristesse.

Accourus en une course folle, les témoins de l'accident ont péniblement dégagé des décombres les aviateurs. Sont-ils gravement blessés? Morts? Vont-ils mourir?... Évanouis souvent, affalés dans la civière, ils semblent des cadavres ballant au rythme de la marche. Leur face terreuse, tuméfiée, leurs yeux hagards expriment la douleur. Et nous, compatissant au sort néfaste des camarades, pris d'une rêverie étrange, — peut-être est-ce un peu nous que nous voyons en cet état! — les regardons passer avec un frémissement d'angoisse, avant de trouver l'énergie de chasser l'image décevante...

A peine un souffle d'air. Début d'après-midi. Les aéroplanes dorment sous leur tente. L'aérodrome semble faire sa sieste pour se reposer de son activité matinale et préparer celle du soir. Groupes de pilotes épars au gré des conversations, dispersés pour une lecture, dans l'attente du vol. Nul bruit, sauf le vague chuchotement de la nature assoupie, frémissement incertain des choses vibrantes de chaleur...

Nul bruit jusqu'au vrombissement subit d'un moteur. Comme répondant à un appel, d'autres ronronnements retentissent. Le nid peuplé s'éveille. Tel autour d'une ruche active, la ronde des oiseaux humains commence.

Il en est, passant bas dans le circuit régulier et monotone d'école, s'envolant pour atterrir et repartir encore. Il en est, plus agrestes déjà, qui s'éloignent du champ et s'efforcent d'y revenir par les orbes gracieux d'un plané.

Il en est, enfin, points à peine perceptibles dans l'espace.

Quelques-uns, les plus entraînés, s'amusent. Virtuoses, en prévision de leur avenir guerrier, ils montrent leurs aptitudes à la chasse aérienne au cours d'un combat simulé et effectuent des acrobaties parfois arbitrairement défendues. D'autres, prouvant « que pour être homme-oiseau on n'en est pas moins homme », recherchent leur divertissement dans le charme nouveau de la poésie céleste. Ils essayent leur jeune maîtrise au-dessus de quelque villa d'où les guettent et les admirent de blanches silhouettes... Ils se lancent à la poursuite des rapides dont les portières en un instant se fleurissent d'aimables sourires, de gestes enthousiastes où leur perspicacité reconnaît la grâce féminine...

Que de délicieuses communions d'âmes ainsi, sans prémices, sans durée, sans lendemain...

Plusieurs heures durant, cette fébrilité anormale continue, évoquant quelques siècles trop tôt des visions futures. Puis le soleil lentement s'affaiblit. Un à un les avions fatigués viennent se blottir dans les hangars. Quelques retardataires restent seuls à dominer la féerie crépusculaire. Tandis qu'à l'occident les nuages s'empourprent, pour eux, religieusement, la terre se dégrade. Le jaune d'or fane. Des teintes infiniment plus douces éclosent. La nature, en un adieu étrange, se voile de rouge sang, de violet, de mauve, de rose... Du bleu, qui paraît guetter à l'horizon, chevauche derrière ces couleurs et les submerge. Les forêts s'agrandissent des colorations défaillantes. S'agrandissent toujours, envahissant les campagnes, grimpant sur les coteaux. S'étèndent, comme un manteau de nuit. Et les étangs, dans le scintillement de leur flaque argentée, semblent de terrestres étoiles.

A tire d'ailes, les derniers aéroplanes se hâtent vers leur aérodrome. Après tous les coloris ayant passagèrement incendié le paysage aux rayons obliques du couchant, l'ombre victorieuse vient de surgir des plaines ainsi qu'une fumée. Et dans les cieux, brillant comme une coupole au-dessus de l'obscurité naissante, la lumière se réfugie. Voiles rutilants sur la mer éthérée, les oiseaux attardés y resplendissent d'une auréole de clarté.

Le soleil s'éteint presque. Eux brillent toujours. Alors l'air coloré se métamorphose. Tournoyant dans les orbes esthétiques de la descente, les avions mordorés quittent les hauteurs glauques, successivement points d'or, points violacés, points roses, fleurs célestes mouvantes, points noirs enfin qui meurent dans la pénombre champêtre.

MER DE NUAGES

Le temps se gâte. Le ciel bleu qu'on croyait deviner se couvre au fur et à mesure que la brume matinale se lève. Un amas de nuages cerne l'horizon, hésite, puis s'éparpille et envahit le firmament. Tandis qu'on sort les avions des hangars, leurs monceaux fantastiques s'avancent. Les ailes frémissent au souffle qui les amène. Un jour triste d'hiver commence. Un jour où la nature léthargique semble hostile sous une lumière terne, où, dans le froid et la grisaille, on se sent accablé d'une mélancolie indéfinissable et de troublante nostalgie..

Nous prenons notre essor. On éprouve comme un allégement de quitter terre. Mais avec la vue brusquement bornée, lointaine cependant, à cause du « plafond » menaçant, ce n'est pas la sensation coutumière de calme et de grandeur.

Morne avec les reflets incertains d'une clarté diffuse, la campagne assemble les mosaïques des champs, des taillis, des fermes, des villages. Bientôt proche, la tenture des nuages se dévide d'une réserve inépuisable et glisse rapidement en sens inverse du nôtre. D'en bas, elle paraissait un dôme uniformément immense. Maintenant, désagrégée en teintes maussades, elle s'étage comme des vagues figées d'un océan tourmenté dont l'embrun s'éparpille en éclaboussures traînantes.

Nous montons.

Des mouvements de roulis, de tangage, se combinent. Des lames, d'apparence stagnante et mobiles pourtant lèchent les membrures du biplan, barque sombrant dans une houle qui le submerge. On a l'impression bizarre de frôler cette mer retournée, ou plutôt elle vient à vous, et vous enveloppe. Le paysage morcelé, visible par dégradations, se voile d'une gaze ténue qui s'épaissit. Après quelques éclaircies, il disparaît complètement. Il y a comme une limite de vie, comme un malaise incertain dans tout cela. Cette nappe d'une impalpable monotonie coule en tourbillons moléculaires, s'accroche aux câbles, aux haubans, aux toiles, y pose une trace humide de gouttelettes. Une lumière blafarde règne, variant d'intensité suivant les différents nuages et l'épaisseur de leur couche. On se croirait embourbé dans une boue vaporeuse, dense et fluide ensemble, qui passe à toute vitesse pendant une vague éclaircie ou stationne avec vous dans une fixité étrange. L'appareil entier se dérobe au regard du pilote, qui doit tendre ses facultés pour conduire.

L'oreille attentive interroge le ronronnement du moteur aux intonations révélatrices. L'équilibre latéral et longitudinal s'obtenant par la sensibilité du doigté et un instinct développé d'oiseau, la main droite effectue la manœuvre incessante par réflexes ; la gauche agit sur la manette des gaz. Les pieds, arqués dans leurs étriers, corrigent tout mouvement circulaire. Impuissant, l'œil attend de recouvrer son pouvoir. A la psychologie normale de l'aviateur s'ajoute alors la hantise d'une rencontre toujours possible dans un ciel peuplé et l'énervement très décevant d'être livré sans défense à la traîtrise des éléments... et de l'aéroplane...

... Nous montons toujours.

Des rayons solaires dont on ne voit que

les effets créent un ensemble laiteux sem-
blable aux cônes impalpables produits par
la danse affolée d'infimes poussières dans
une chambre obscure où filtre un faisceau
lumineux. La vapeur mouvante a l'air de
s'évaporer. Humides de buée, les ailes
reparaissent. Et soudain le soleil rutilant
frappe en oblique l'avion qui étincelle.
Plus étonnant que le premier, un second
essor commence. L'oiseau reprend ses
droits. Sortant des volutes qui le harcèlent
à peine d'un impossible élancement, il se
dégage, bondit de crête en crête et se
libère d'un saut suprême...

Un des plus grandioses spectacles qu'il
soit donné à l'homme de contempler s'offre
à nos yeux émerveillés. En une lueur vive
et marbrée s'étend une immensité floconn-
neuse où le regard étonné se perd. C'est
la mer de nuages. Une mer inconnue d'une
blancheur éblouissante avec ses vagues

dodelinées dont les crêtes figées retombent, s'alanguissent, se relèvent pourtant, métamorphosées comme dans les rêves sans qu'on en puisse suivre l'évolution. Une mer d'aspect polaire, creusée de gorges profondes, claires au fond, sur les bords foncées. La folle chevauchée de lames, agrippées les unes aux autres en une dentelure fantasmagorique, comble ses vides en s'éloignant pour s'unifier au loin, si loin qu'on se demande comment on peut y voir, au bleu du ciel. L'azur éthéré, d'un écrasant incommensurable, colore de son inexistence l'espace. Nimbé de voiles météoriques, indéfini dans sa radiation impossible à fixer, l'astre-dieu caresse cette féerie.

Tout est infini dans cette magnificence : l'indescriptible blancheur aux délicates nuances, le soleil épinglant son point d'or, le firmament où l'œil, fatigué de vouloir

mesurer, pose à la longue un picotement
de lumière...

Tout. Sauf, évoluant magiquement dans
le vide, un autre point d'or, vital dans ces
choses sans vie. Et ce point, c'est un dé-
ploiement d'ailes, c'est nous! Nous, seuls
dans l'unique vraie solitude, en plein ciel,
sans le plus imperceptible lien avec les
hommes, sans rien de commun avec le
reste du monde. Seuls, en un tel éloignement apparent de la terre, que les yeux se
perdent en une vision inconcevable du
moutonnement nivéen encerclé par la
voûte céleste, démesurée, sans fond; dans
l'immensité des lointains toujours reculés,
toujours fuyants!

On regarde cette évocation d'éternité
par un enivrement respectueux des sens,
avec un cœur dilaté qui bat plus fort, plus
vite, sans notion de temps. Tout se libère
de son artificiel et s'évanouit pour laisser

place à un sentiment inanalysable, une
sorte de muette prière... Et l'âme, comme
délivrée de son enveloppe mortelle, semble
s'étendre et se mêler naturellement à l'infini par une inconscience mystérieuse de
l'être qui fait rêver d'immortalité.

Ce spectacle neuf et merveilleux a cap-
turé notre attention. Qu'a duré notre exta-
tique admiration? Pour ne pas être désorienté en pays inconnu, loin de l'aérodrome
lorsqu'il faudra descendre, nous tournons.
En une perspective incompréhensible les
nuages entreprennent une curieuse rotation. La direction changée, en même
temps que nous ils retrouvent leur hori-
zontalité et poursuivent leur lente fuite,
toujours en sens inverse de la marche de
l'aéroplane.

Petit à petit, à l'endroit où la nappe
souriante se confond dans un halo au bleu
du ciel, sa limite incertaine se décompose

en tons violacés. Un sillon mauve grandit, se creuse comme un gouffre. On dirait qu'une absence de choses en fait la coloration. Cela s'étend toujours. Et la mer nivéenne dont l'extrémité se marque, espace ses flots enrubannés, de moins en moins profonds, qui viennent mourir en un dernier frisson sur une grève impalpable et de couleur inconnue.

Alors on distingue des ombres. Formes diffuses, vertes, brunes, noires, naissant de la grisaille des nuages disséminés comme des îlots de glace. Leurs contours se précisent et le sol apparaît à travers une brusque déchirure.

Surpris de ce rappel terrestre et d'une nouvelle solitude si différente, nous profitons de l'échappée pour repérer notre position. Un virage nous incline au-dessus de la plage aérienne, où, béant, se profile l'abîme. La couche, après le même mouvement giratoire, reprend la même fuite lente toujours en sens inverse du nôtre.

Tandis que devant nous le miroitement de blancheur, d'or brumeux, d'azur recommence, le phénomène de la décomposition de l'horizon se produit : le panorama se brouille en un insaisissable grenat qui fane doucement en s'ombrant, laissant se rapprocher jusqu'à leur incertaine fusion les deux immensités.

De la hauteur dont nous la dominons, cette mer étale présente de quelque côté qu'on la contemple une illumination diaphane sous l'éblouissement solaire.

Grisés de lumière et de liberté, loin de tout regard, vierges de toute entrave, nous serpentons en bonds souples avec une joie enfantine. Mais ce spectacle immuable nous pénètre bientôt de son charme magnétique, du calme qui naît des grandes choses. Nous voguons paisiblement, sans but, émerveillés de cette majestueuse sérénité.

Il faut un véritable effort de volonté pour revenir à soi. L'heure passe. On doit songer à descendre. Descendre! Quitter cet enchantement divin, cette solitude exquise, ce décor féerique pour la vie quotidienne! Descendre! Mais où? Au hasard des conjectures, d'après le temps écoulé et les directions suivies. Nous hésitons quelques dernières minutes pour un long adieu reconnaissant. Puis le moteur assourdit jusqu'au silence sa voix puissante dont la régularité en créait un autre. La note chantante du vent dans les câbles la remplace avantageusement. Nous descendons. Grandissante, l'ombre de l'avion bondit sur l'enchevêtrement des vagues. Un cercle délicatement coloré aux couleurs de l'arc-en-ciel — l'auréole des aviateurs — enveloppe de lueurs perlées sa silhouette noire. Comme si une tempête s'élevait, la houle des nuages grossit à vue d'œil. Les flots tumultueux semblent monter vers nous. Déjà leur crête nous frôle...

Seconde émotionnante : l'aile s'enfonce et disparaît dans une nappe où l'on craint de la voir se briser. L'éblouissante clarté s'éteint en lueur nébuleuse. Un vide blanchâtre qui emprisonne remplace sans transition l'immensité. Premier désenchantement auquel s'ajoutent la difficulté de pilotage, l'incertitude correspondant à l'aveuglement, l'obsession d'une rencontre. On surveille l'altimètre avec une certaine anxiété pour s'assurer de la distance approximative du sol. La descente continue à travers la brume opaque. Par instants, dans la fuite presque immobile de la grisaille, des taches se dessinent. Le biplan se dégage subitement. La terre apparaît.

Quel désenchantement plus profond encore! Par une atmosphère lourde de tristesse et de désillusion, en une lumière funèbre, la vie recommence sous son vrai jour plus décevant après notre fête de soleil et de liberté. Le moteur a repris sa grande voix égale et monotone. Des rafales assaillent violemment l'appareil. Plus d'aéroplanes en l'air. Une pluie serrée tisse un réseau à peine pénétrable. Les gouttes d'eau criblent la figure d'un douloureux martelage. Les paupières sont impuissantes à protéger les yeux qui ne voient presque plus.

Enfin voici l'aérodrome, le dernier vol plané qu'incommodent les brusques sautes de vent, l'atterrissage, la rentrée aux hangars...

... Et le retour chez soi tout plein de nostalgie. Imprégné de visions célestes, on se demande si l'on n'a pas été l'objet de quelque hallucination fantastique. Le regard sceptique interroge — surplombant ce paysage lugubre d'hiver et déversant une pluie glaciale — la couche impénétrable et infiniment mélancolique de ce qui avait été la merveilleuse et vivante mer de nuages...

DANS LE BROUILLARD

Un voile insaisissable qui conserve toujours le même éloignement et laisse voir les choses par une grise transparence sous un faible rayon. Un rond laiteux autour de soi au delà duquel tout paraît vide et mystérieux, plongé dans de l'inexistence ou de la langoureuse léthargie. Une atmosphère humide et oppressive où se devinent, dans un halo, un peu de plaine aux herbes figées; des aéroplanes, incertains sous leur émaciation, devant les hangars fumeux et béants; quelque profil foncé qui surgit, passe, disparaît; des découpures bizarres et stagnantes semblables à des projections d'ombres sur un globe nébuleux. Une voûte infranchissable qui vous isole. Tel se présente l'aérodrome un matin de brouillard.

Et nous, la jeune et ardente couvée de guerre, nous espérons impatiemment une embellie pour prendre notre essor. En songeant à ceux d'entre nous qu'il surprend en plein ciel, une vague angoisse nous imprègne devant cette force de la nature, inéluctable pour les aviateurs, et la plus lâche puisqu'elle aveugle avant de frapper. Confiant dans le soleil qui voudrait se montrer et dissiper cette obsession, confiant dans le vent qui faiblement

la secoue, nous attendons. La matinée
s'avance. Les masses gluantes tourbillon-
nent et se désagrègent. Un creux s'appro-
fondit à ras des prés dont les bords s'écar-
tent et montent. Fantomatiques encore
naissent de flottantes images : fermes, bos-
quets, rangéés d'arbres que la mémoire
plus que les yeux identifie.

Tels des oiseaux en cage entrevoyant
un coin d'azur, par cette renaissance de
vue et de vie nous nous sentons pris d'un
besoin ardent de liberté après l'emprisonnement, de grand air après la réclusion,
d'immensité de vue après son étroitesse.
La hasardise de devancer l'heure favorable
nous tente. Et par le double attrait de
l'inconnu et du danger, éspérant goûter la
sensation inédite de puissance et de victoire que produit, sous, les rayons du jour
vainqueur, l'éclosion progressive des campagnes et l'éloignement grandiose des

horizons, nous quittons le sol à travers une éclaircie.

Après les légers soubresauts du départ, la magie du glissement commence. Mais aussitôt la brume nous enveloppe. Les sillons que la vitesse anime défilent d'une fuite sournoise.

Marquant notre faible altitude, le cercle très réduit des champs visibles se rétrécit. Nous volons bas. A peine découvrons-nous un peu de terrain devant nous qu'immédiatement derrière une partie égale disparaît comme sous un inexorable sillage. Nous semblons être au centre d'une boule blafarde. Ou plutôt on dirait que l'avion porte un phare puissant qui cherche à pénétrer une opacité plus puissante encore.

Brusquement nous disparaissons dans le brouillard qui s'épaissit au lieu de se dissiper. Nous ne voyons plus rien. Des minutes troublantes s'écoulent sans ramener la lumière. Et nous avons conscience que près de nous, à même hauteur peut-être, d'invisibles obstacles se hérissent traîtreusement vers nos ailes si vulnérables; que la moindre erreur de jugé dans la conduite de l'appareil provoquerait une catastrophe. Le péril est imminent. Une sensation d'étouffement nous accable. L'aveuglement qui annihile l'initiative de toute défense est intolérable.

Le problème soulevé par cette situation est complexe, et, comme toujours en aviation, doit se résoudre par instinct à la seconde même où il se pose. Monter, c'est se lancer dans l'infini du ciel, dans l'émouvante et exquise solitude, dans leur émerveillement. Mais c'est aussi se perdre, risquer la panne de moteur ou le défaut d'essence, cause d'un écrasement fatal.

Descendre, c'est jouer quitte ou double. Guetter une échappée pour se poser semble le parti le moins dangereux. Nous nous y arrêtons.

Je me retourne vers mon passager. Sa présence ajoute une responsabilité pour moi, mais m'offre un réconfort. Nous esquissons une grimace qui se termine en un sourire. Sourire crâne, un peu voulu, sans forfanterie, concentrant en sa courbe légère notre abandon à la fatalité, notre foi dans la chance.

Nos yeux, dilatés par l'attention et la volonté, essayent de voir. Leur regard s'embourbe dans l'odieux élément au milieu duquel, sans paraître avancer, on flotte sous une vibration continuelle de vapeurs. C'est presque affolant de sentir la terre si proche sans la distinguer, d'interroger le mystère de cette ambiance sans le dévoiler et, frémissant d'une passivité suraiguë, de s'attendre à tout sans rien pouvoir tenter.

Il faut réagir. Sans que cela nous distraye de la manœuvre, nous entonnons une romance entraînante pour nous rendre du cœur. Et soudain, en une silhouette spectrale, contre le nôtre un avion se dessine, alignant tous à la fois ses contours noirs sur la grisaille pour disparaître instantanément comme une ombre chinoise. Nous nous sommes presque rencontrés. A peine commencé, notre chant s'est tu, car nous avons frémi d'un sursaut instinctif. Notre émotion se traduit par un nouveau sourire et nos voix reprennent de plus belle dans le fracas du moteur.

En tous points identique, le vol se continue dans une démoralisation croissante. Cette lutte décevante contre l'inconnu irrite et décourage... Sont-ce ses dernières minutes de vie que l'on savoure étrangement avant la chute, avant la mort, avant d'interminables mois d'hôpital? Comme un appel déchirant de paisible bonheur, l'évocation riante de la famille aimée que la guerre dissémine se dresse éperdument. Que d'adieux éternels, hélas insoupçonnés, s'envolèrent vers vous aux secondes tragiques, ô pauvres vieux parents, ô veuves inconsolables, petites fiancées!... Qu'il fera bon rêver, assis au coin du feu, la cigarette aux lèvres, dans la chambrette close, si nous rentrons indemne!...

Toujours autour de nous la même impénétrabilité. Le temps passe sans mesure en minutes immenses. Enfin, en une apparition subite, des formes hirsutes s'ébauchent, se succèdent avec une rapidité vertigineuse et disparaissent brusquement. L'immobilité hallucinée recommence. Puis, à travers une déchirure, fuyant très vite, un peu de terre se montre. A quelques mètres de nous, des bouquets de branches se détachent en ciselures curieusement suspendues dans un grisé mouvant. Courant entre ses talus embrumés, la voie d'un chemin de fer s'allonge. Et sans cesse devant nous cette masse embue de laquelle les choses sortent pour y rentrer. Ourlée de volutes épaisses qui en masquent les abords et l'étendue, une prairie d'apparence propice à l'atterrissage glisse vers nous. L'instant décisif est venu. Nous ralentissons la vitesse. Les ailes éployées descendent. Prêt à toute éventualité, nous nous attendons à l'accident fatidique : accrochage d'un arbre, capotage dans un fossé... L'herbe approche... les roues s'y posent... l'avion roule... roule... s'arrête... Nous sommes sauvés... Nous nous étirons en une détente radieuse. Et le cauchemar, égayé par l'excellent réveil, dans l'enchantement du passé et les métamorphoses du souvenir, devient un rêve...

LE VOL DE NUIT

Le vol de nuit fut presque inauguré pendant la guerre. Avant 1914 les risques de casse qu'il présente, même tenté dans les meilleures conditions, rebutaient la plupart des aviateurs. Non par manque de courage : il en a toujours foisonné parmi leur vaillante pléiade. Mais l'évolution de la navigation aérienne n'y aboutissait pas encore naturellement et des difficultés matérielles et pécuniaires plongeaient l'aviation civile et militaire dans une crise redoutable. Les âpres besoins du conflit européen annulèrent ces raisons. L'essor nocturne fut essayé, réussi, puis géné-

ralisé avec des appareils devenus meilleurs.

Comme rien n'était méthodique à la
cinquième arme au commencement des
hostilités, il arriva fréquemment qu'on
dut effectuer comme pilote son premier
vol de nuit. Cette circonstance ajoutait à
sa nouveauté propre un peu de l'émotion,
tout le frissonnant charme des débuts en
aéroplane.

...Le ciel s'est épuré comme il arrive à
la tombée du soir. Plus de nuages. Rien
qu'un pâle clignotement d'étoiles éparses
dans le bleu sombre de la nuit. On dirait,
sur des gouttelettes, le reflet de la lune
brillante qui estompe les astres en cares-
sant la terre. Sous ses rayons laiteux les
choses vaguement se dessinent et l'ombre
se blottit dans les coins dont elles sur-

gissent, dont elles montent en un adou-
cissement irréel par des lignes incertaines,
dormantes et rêveuses.

Du trou béant d'un hangar les ailes
blanches sortent. Autour d'elles volettent
les feux follets des lampes électriques.
Par cette troublante poésie, l'aviateur
s'installe dans le fuselage où une lumière
tamisée, filtrant à volonté, éclaire la carte
et les instruments de bord. On roule
l'avion vers la piste délimitée par trois
brasiers placés en triangle d'après la
direction du vent. Une nuit plus épaisse
semble les encercler pour éteindre leurs
mouvantes lueurs.

On lance l'hélice. Le pilote écoute religieusement le ronflement du moteur dont
la moindre défaillance lui serait probablement fatale. Avant de s'élancer, il cherche
à reconnaître la plaine méconnaissable...
Rien devant lui qu'une immensité noire...

Un geste... L'aéroplane court, bondit, s'efface...

On tire une fusée. Elle trace son orbe rapide, allume un globe incandescent qui tombe doucement. Illuminée, une partie de l'aérodrome se dévoile entre les feux pâlis. Des silhouettes spectrales se découpent. Au moment de s'envoler le biplan s'auréole d'un nimbe d'or. Alors, pareille à un jeu de l'imagination, la féerie de quelques secondes rentre dans la nuit insondable. La lune, avec sérénité, laisse couler des pétales nivéens noyant d'imprécision les contours renaissants. Et le vrombissement de l'oiseau libéré se perd dans le silence...

Quand l'appareil démarre, s'écoule pour l'aviateur une minute d'aveuglement. Il ne distingue rien et dirige par réflexes. Ses yeux fouillent en vain l'obscurité. Soudain, faites de lumière par le chatoîment

des toiles et des tendeurs, les ailes se dé-
ploient au-dessus d'une phosphorescence
où elles glissent magiquement sur une
clarté éblouissante. Brusquement ce décor meurt. Un vide impénétrable vous
enserre. En une sensation tenant plutôt
du cauchemar que du rêve, on se croit
immobile. Mais on monte. Alors la confi-
guration du sol se révèle. Il apparaît lentement, comme au développement d'une
plaque photographique. L'obsession du
noir s'évapore, laissant deviner une éclosion mystérieuse de mosaïques veloutées.
C'est la terre qui se montre en vision
nouvelle. Les champs, les prés, les bois
intercalent leurs teintes à peine différentes
dans un ourlet d'ombre, mêlant des esquisses adoucies à la monotonie songeuse
de leur fluorescence. On croirait voir la
campagne à travers une nappe glauque.
Les étangs scintillent comme des étoiles.

Les cours d'eau deviennent des stries d'argent. De-ci, de-là, une route coupe le grisé de sa blancheur. Il n'y a pas d'horizon. Tout proche, le bleuissement foncé du ciel s'élève sans transition, ainsi qu'une fumée, de l'étroit paysage nocturne. Quelques astres disséminés palpitent. Et la lune au regard étonné reflète en un sourire un peu d'immuabilité céleste.

On monte toujours. Insensiblement — est-ce l'œil qui s'habitue, en même temps qu'un phénomène constaté? — la terre devient moins indistincte. Sans perdre leur grâce confuse de choses irréelles, les grandes lignes du panorama se précisent. Le miroitement des eaux noctiflores s'accentue. Les routes se marquent, un peu plus longues. Les champs, les prés, les bois font ressortir de leur premier enchevêtrement, lorsqu'on les survole, d'incertaines délimitations. Avec une netteté surprenante, quelque villa allume un point brillant. Les villages se reconnaissent à la fleuraison de leurs maisons groupées.

Et, en une réalisation inconcevable, l'aviateur plane miraculeusement en plein ciel. Ses ailes, neigeuses de lune, ne sont qu'une lumière diaphane et cisellent sur l'ombre immense leurs esthétiques arabesques. L'air est délicieusement étale. Un calme inexprimable s'épand comme un parfum de l'heure fantomatique où la terre lointaine dort « aériennement ». On rêve, on prie, on aime, on n'est plus homme, on est étoile fugitive au milieu des étoiles.

Le temps fuit, amenant le retour. Ainsi que des cierges, au loin les trois feux vacillent. Le pilote, revenu à lui, répond à leur appel. Il descend. La succession

des terrains variés se recompose en un
tout difficilement déchiffrable. Les té-
nèbres s'épaississent. Le paysage lunaire
s'éteint et devient un chaos sombre où les
choses s'embrouillent. On s'enfonce dans
ce noir hérissé d'invisibles obstacles, sans
notion directe de distance et d'altitude.
L'instinct accomplit la manœuvre. L'attention se fixe sur les deux premiers bra-
seros dont l'approche jette sur les toiles
des lueurs d'incendie et de là se reporte
au troisième qu'on ne peut dépasser. La
moindre erreur, la plus petite faute d'approximation et c'est l'écrasement... On va
atterrir... Brusquement la plaine s'éclaire
sous les fusées... L'herbe surgit en une
vibration de clarté qui désoriente.... Sans
savoir au juste comment, on la frôle, on
s'y pose, on s'arrête.... Le vol de nuit est
terminé....

TOUT UN VOL

Après-midi d'été. Chaleur torride. Soleil d'une torpeur éblouissante dans un vibrant éther. Ourlet de brume au loin. Les avions sommeillent à l'ombre des hangars. Le temps paraît favorable. Couché sur du foin fraîchement coupé, tout plein de senteurs et de caresses, je me laisse aller au farniente exquis palpitant déjà de l'action prochaine : volant pendant une heure au-dessus de deux mille mètres, je vais passer une épreuve du brevet militaire.

Au moment de partir, je m'habille : on doit toujours se vêtir chaudement pour monter haut. En m'installant dans la carlingue, je jette un coup d'œil sur la carte pour déterminer mon itinéraire. Le chef-

pilote me fixe sur le dos un barographe
enregistreur et je prends mon essor.

De vigoureuses saccades m'accueillent.
Ces heures, d'apparence si paisible lorsque le vent n'est qu'un frisson sous le ciel
bleu, sont au contraire très agitées pour
nous : l'air surchauffé chevauche en une
multitude de vagues de densité différente
sur lesquelles l'aéroplane tangue violemment. Les couches inférieures surtout sont
fortement influencées par la radiation
solaire et les déclivités, les cours d'eau,
les forêts du sol. Lorsqu'on monte, cette
agitation s'apaise. Plus le crépuscule approche, plus la cause des troubles atmosphériques diminue, plus il redevient porteur et calme.

Si le temps reste propice, mon épreuve
sera une bonne promenade agrémentée
d'un intéressant voyage. Sous moi, le paysage s'étend splendidement minuscule en

son infinité. On dirait une mer aux eaux curieusement travaillées, dont les embruns chatoyants sont des routes, des bois, des étangs. Une mer avec des îlots, ces villages espacés; avec des voiles blanches bercées par la brise, ces maisons à peine reconnues; avec des navires même, ces trains dont on suit la traînante fumée.

Surveillant l'itinéraire pendant mon ascension, inlassable, je regarde : du fond de l'horizon, en apparition confuse, le panorama condensé se déroule comme une nappe. Cette nappe, développant la mosaïque terrestre, coule en une lente fuite, précise une multitude de détails, glisse, glisse toujours, s'arrête, pour rentrer en dégradation à l'horizon opposé.

J'arrive à la moitié du voyage. Une température fraîche contraste avec la chaleur de la saison. Jusqu'ici tout va bien, mais le temps change : des nuages parsèment

le vide entre la terre et moi. Leur nombre
inonde progressivement le panorama, dont
il me devient impossible d'identifier les
coins disparates. Leur houle grossit,
monte. Je disparais dans des volutes blan-
châtres. Puisse la couche être partielle et
passagère! De brusques secousses m'assaillent. Je tangue, je bondis dans l'aveu-
glante grisaille. Mon attention s'absorbe
dans la recherche de l'équilibre. Des
réflexes doivent incessamment corriger les
écarts et je n'ai plus notion de ma route.
Je retrouve un instant l'air libre. Évocation polaire éblouissante. Une énorme
banquise, menaçante, vient à moi. Je m'y
engouffre. Un tourbillon me saisit. Peut-
être est-ce son sillage? Je ne sais plus
exactement ce qui se passe. Affolée, l'aiguille aimantée de la boussole tourne sur
elle-même. Je perds le contrôle de l'appareil, qui tressaille convulsivement comme

une barque dans la tempête. Et tout cela par une demi-obscurité odieuse!... Quelques secondes de lutte intense... Je suis maître de mon esquif...

Fatigante et pénible, cette situation présente un certain danger. Il vaut mieux descendre, rentrer à l'aérodrome. Abandonner une épreuve officielle alors? Ce serait prudent. Mais qu'est la prudence pour un jeune oiseau grisé de son essor? Je veux vaincre et continue. Ne sont-ce pas de délicieux souvenirs que je thésaurise pour les revivre tantôt, dans la tiédeur du soir, par un repos bien mérité, — et plus tard, et bien plus tard encore?...

Un regard me rattache un instant au sol par une trouée furtive dans la couche qui me le cache. Je reconnais un point de repère que j'avais survolé voici quelques minutes. Alors je tourne le dos à mon but?

Sans m'en douter, j'ai donc décrit un ou plusieurs demi-cercles?

Je reprends le bon chemin, me basant sur ce que je vois de plus en plus rarement des plaines. Le temps se gâte. Plusieurs mers de nuages se superposent, s'attirent, se confondent. De tous côtés leurs vagues déferlent. Tout à coup un éclair sinistre déchire leur nappe terne et diffuse. L'eau ruisselle sur les toiles. La pluie me pique douloureusement au visage. Le grondement du tonnerre mugit un instant. Je suis pris dans un orage. C'est d'un grandiose très angoissant. Il faut immédiatement en sortir. Je vogue à trois mille mètres. Au moment où je saisis la manette des gaz pour ralentir le moteur, mon biplan pique violemment, presque à la verticale. En vain, j'essaye de le redresser : les commandes sont lâches. Il tombe comme une pierre. Est-ce une pièce cassée? La chute? La mort? Sensa-

tion morale indéfinissable : émotion profonde, certes, mais dominée par la volonté
de conduire. Quelques secondes à peine.
Hurlement déchirant du vent dans les tendeurs. Invisibilité de l'avion dans le passage fou d'une fumée opaque…. C'est fini…
Mes ailes redeviennent obéissantes. J'ai
sans doute glissé dans « un vide » où
l'air raréfié par un phénomène de chaleur
n'est presque plus porteur. Les flocons
nivéens s'éparpillent. Leur masse s'éclaire
d'un rayon de soleil et s'évanouit. Un
grand calme succède à l'ouragan. Voici le
ciel bleu. Voilà la campagne. O miracle !
je survole mon but : immense et minuscule Paris surgit en un sourire.

Non sans anxiété j'écoute mon moteur.
Va-t-il reprendre après la pluie diluvienne? Coup d'œil à l'altimètre : il marque
deux mille cent mètres d'altitude. Quel
bonheur, mon épreuve n'est pas manquée

puisque je n'ai point dépassé la limite fixée.
Inspection rapide de l'appareil : il étincelle d'humidité, rien n'y manque. Alors
j'éprouve une délicieuse détente.

Comme par enchantement, les mers de
nuages ont disparu et le firmament épuré
est un dôme joyeux, une source intaris-
sable de lumière et de coloris. Sous moi,
silencieuse et douce, la capitale s'étend à
perte de vue. Jusqu'au plus lointain horizon, une succession inimaginable de toits
se hérisse ainsi qu'un frisonnement de
vagues qu'apaise l'infini en le nimbant
d'un cerne. Sous un grand rayon, je peux
admirer le dessin des boulevards et des
rues. Même des monuments reconnais-
sables émergent du fond sombre. Épure
merveilleuse, Paris m'apparaît dans l'originalité et la poésie de sa conception.
D'abord, allumant le contraste de ses
lacets miroitants, la Seine. Blottie contre

un de ses méandres, la tour Eiffel ne réussit pas à soulever sa grâce piteusement écrasée par la perspective. Tout près, dans un rapetissement qui fait penser à une maquette, en un rapprochement qui évoque un jardin, la place de la Concorde, l'Étoile, parterres fleuris d'où fusent en sentiers les imposantes avenues. Le parc continue : arrangement délicatement ouvragé, composé d'innombrables ramifications : c'est le Louvre. Sur le fleuve carrelé par les ponts, une île : on y devine Notre-Dame et le Palais de Justice. Deux ou trois dômes dorés jaillissent de la ville bleutée comme des étincelles. Le Sacré-Cœur de Montmartre chauffe au soleil son blanc mausolée. Que sais-je encore? La tête penchée hors du fuselage, je ne détaille plus cet univers. Je rêve, perdu dans ma contemplation, bercé d'émotions les plus diverses et les plus palpitantes.

Quel état d'âme vraiment spécial et neuf se produit chez l'aviateur en ces instants merveilleux et inoubliables : être oiseau, être libre, être seul en plein azur ; n'être qu'un cœur tout frémissant encore d'une âpre lutte avec la mort et qui vibre déjà d'une enviable et délassante ivresse ; dominer des millions d'existences ; voir la terre irréelle fignoler ses nuances ; se sentir géant fabuleusement inaccessible au monde lilliputien... Et quelle curieuse physionomie revêt alors, si l'on y songe, le souvenir de ceux qu'on aime...

Le temps passe. Avec regret je vire pour retourner vers l'aérodrome. Je regarde derrière moi Paris s'éloigner, se confondre, se voiler de brumes vaporeuses, s'éteindre comme un mirage. Le flot montueux des toits s'éclaircit, se colore du rouge des tuiles et du vert des jardins. Transition gaie avant la monotonie des campagnes.

Plus qu'une demi-heure à patienter à cette altitude et je pourrai descendre, ayant réussi mon épreuve et satisfait un cher désir. Hélas! je gagne de vitesse la couche de nuages. De nouveau les plaines disparaissent. De nouveau je lutte, obsédé par des secousses qui me fatiguent, par de fréquents aveuglements. Je me dirige à la boussole. A travers une éclaircie j'entrevois un cumulus formidable. Brusque crochet pour éviter son terrible remous. Malheur! L'aiguille aimantée reste insensible! Sans moyen de contrôle, dérivé par le vent, sans carte, sans connaître le pays, sans seulement le distinguer, je suis certainement égaré, alors? Tant pis! Après tant d'aventures, je ne veux pas abandonner aux dernières minutes. Et je vole au hasard, en attendant que l'heure s'écoule. Moments pleins d'angoisse par démoralisation et énervement dans d'ennuyeuses

alternatives, ces coups d'aile dans l'inconnu !

Enfin l'épreuve est terminée. Avide de
revoir pour savoir où je suis, je plonge
dans les nuages. Leur couche a plusieurs
centaines de mètres d'épaisseur. Quel dé-
sagrément de la traverser ! Comme cela
semble long ! Brusquement le sol se
montre. Regard interrogateur. Déception
profonde. Je suis absolument désorienté !
Je ne retrouve même plus l'aspect de la
zone où je me promène d'habitude ! Je
dois être très loin de mon port d'attache !
Le long crépuscule d'été commence. Ma
provision d'essence s'épuise. Dans le vain
espoir de trouver un point de repère
connu, scrutant l'horizon, je vogue encore
quelques minutes. Peine perdue ! Inutile
de continuer !

Quel endroit vais-je choisir pour me
poser ? Sous moi, ce n'est qu'un groupe-

ment de terrains impropres à l'atterrissage, hérissés, striés, creusés d'obstacles.
J'avise un labouré moins impraticable que
les autres et mieux situé : près d'une route,
non loin d'un village, contre un château.
Quelques orbes pour descendre et m'approcher. Je remarque en survolant les
maisons une effervescence certes inusitée.
Mais seule la plaine m'intéresse. Des fermières à genoux y binent des betteraves.
Entendant le bruit de l'avion, elles se
lèvent, agitent leurs tabliers. Elles feraient
bien de me laisser la place libre! Je réus-
sirai déjà si difficilement! Je m'arrange
pour passer au-dessus d'elles. Maudites
femmes! Au moment où j'arrive, elles
s'élancent dans toutes les directions, m'empêchant de me poser si je ne veux pas les
faucher. Contrarié, je dois remettre mon
moteur en marche. Il repart, « bafouille »,
s'arrête. Me voici à quelques mètres de

hauteur, franchissant à peine une rangée
d'arbres, avec d'autres arbres devant moi,
un champ insuffisant, une route, des
étangs... Et il faut descendre!... Ça y est,
« la bûche? » Oh! cette seconde où l'on
sent que l'aile va se briser!... Ayant lou-
voyé, je touche terre au bout d'un enclos.
L'herbe menue ne frène pas. Je roule très
vite. Un large fossé approche. Au moment
d'y capoter, je cabre désespérément. Les
plans frôlent des branches. Le biplan pares-
seusement se soulève et retombe sur la
route. Un bond. Je remonte juste assez
pour franchir le talus. A bout de force
mon appareil s'arrête. Je suis sauvé. L'oiseau aussi. De la main, je pourrais toucher
un tronc de chêne sur lequel j'allais m'écraser. Plus loin, une mare boueuse s'apprê-
tait à me recevoir... Je viens d'échapper à
un accident grave par une chance vraiment extraordinaire.

Fatigué, ému, je me détache du siège et me dresse dans le fuselage. Personne aux alentours. Qu'est-ce que cela signifie? Il y avait tant de monde tout à l'heure et nous sommes si vite entourés généralement. Je saute de la carlingue et j'enlève ma combinaison. Toujours seul. J'inspecte les lieux. Mon pauvre avion a l'air piteux, les roues juchées sur le talus, les ailes inclinées à cause de la pente, la queue en travers de la route! Au comble de l'étonnement, je surprends de temps à autre le passage furtif d'une silhouette. J'appelle, je fais des signes. Avec circonspection, un paysan se décide à répondre, s'approche, hésitant, jusqu'à quelques mètres de moi. Je lui explique que je suis aviateur, perdu, en panne, etc... Voyant la conversation engagée sans qu'il se passe rien d'anormal, des gens arrivent. Bientôt c'est la cohue ordinaire. J'apprends que mon aéroplane

est le premier qu'on voit dans la région,
d'où, au début, stupeur et crainte des
habitants qui me prenaient pour un ennemi.

Le châtelain de l'endroit m'invite très
aimablement chez lui. Il m'est d'un précieux recours pour les formalités à remplir
et les précautions à prendre en pareil cas.
Récompense inespérée de ma persévé-
rance, accueil délicieux, plein de réconfort, dont je garde un reconnaissant souvenir.

Lendemain soir, dix heures. Même loca-
lité. Dans le parc. Autour de la table dressée au grand air, les convives s'attardent.
Je songe. Tout cela tient du rêve : hier,
farniente dans le foin, au soleil, en attendant le vol ; départ dans l'après-midi par
beau temps, nuages, orages, aventures,

Paris et deux cents kilomètres de parcours, isolement du monde sous un ciel inconnu, méfiance générale, réception enthousiaste... Et maintenant ce soir bleu, ce décor théâtral, ce dîner finissant, ces sourires de femmes, dans le fond la façade majestueuse du château découpée au clair de lune, la mélopée du vent à travers les sapins sombres, les accents évocateurs d'une musique lointaine, la tiédeur d'une nuit d'été, et là-dessus un clignotement d'étoiles... Tout cela tient du rêve et pourtant c'est la réalité.

Le surlendemain. Sept heures du matin. Près du château, dans la prairie où j'ai fait amarrer l'appareil. Des mécaniciens, envoyés du centre d'aviation, l'ont remis en état. Plusieurs centaines de spectateurs depuis longtemps attendent mon départ.

Cela me ramène aux jours anciens et fabuleux de meetings. Quelques personnes ont
tracé des inscriptions sur les ailes : dédi-
caces, souhaits, lieux, dates-certificats de
passage et de succès...

... L'aventure se termine, je m'en retourne au nid. Je viens de quitter terre.
Derrière moi le public s'estompe en masses
noires. Le château émacié s'efface dans la
verdure. Le village sourit au soleil, pâlit
au loin... Tout s'éteint comme un mirage.
Adieu. L'oiseau de sport va devenir oiseau
de guerre.

DEUXIÈME PARTIE

LA GUERRE EN AVION

CHAPITRE PREMIER

LA RECONNAISSANCE AÉRIENNE

Au début des hostilités, la reconnaissance était le principal, presque l'unique emploi de l'aviation. Ce rôle, capital dans la guerre de mouvement, devint d'une nécessité moindre dans la guerre de tranchées où les troupes en présence devaient rester stagnantes durant plusieurs années. Mais la merveilleuse mise au point de la photographie aérienne lui permit bientôt un rendement considérable.

La reconnaissance poursuit deux buts principaux.

Le premier consiste à documenter l'état-major sur les positions occupées par l'ennemi, l'arrivée de renforts, leur arme, leur importance, leurs évolutions. Ces renseignements se complètent de l'examen des lieux dans lesquels l'adversaire se meut : création éventuelle de voies de communication, état des voies anciennes, travaux d'art et de défense. Le second est de découvrir pour l'artillerie d'intéressants objectifs, de lui donner la situation exacte des batteries, de relever celles qui sont en action, d'apprécier le résultat d'un tir de destruction.

La reconnaissance est une mission délicate, car la perception nette de ce que l'on voit exige une véritable étude. Pour bivouaquer, les soldats choisissent de préférence un repli, un abri naturels où on les découvre malaisément. L'arme d'un corps dont on surprend le passage reste d'une identification très difficile. On l'obtient par le contrôle des figures géométriques qui lui sont spéciales. Il faut une habitude consommée et une connaissance approfondie des formations militaires pour inférer avec justesse l'importance des éléments en vue.

La tâche n'est pas moins ingrate pour découvrir des travaux, situer des batteries sur un terrain mal connu, sur les positions sans cessé changeantes des batailles. On doit se méfier. des camouflages. — dissimulations expertes, constructions fictives — installées par l'ennemi pour tromper l'observation aérienne.

Au début donc, la cinquième arme végétait dans un état embryonnaire. L'entrain des aviateurs, leur brio et leur mépris du danger suppléaient au manque d'organisation et à l'imperfection du matériel. Dans l'exaltation superbe d'un conflit qui s'annonçait court, rapide et décisif, par l'enthousiasme des circonstances magnifiant leur essor, ils s'envolaient sur des appareils qui nous font à présent sourire comme nous sourions déjà de ceux que nous possédions hier. A mille ou quinze cents mètres, ils effectuaient des missions accomplies maintenant entre deux et cinq mille. C'est qu'en ces temps-là, les aéroplanes, n'étant point spécialisés, la chasse n'existait pas. De plus, le nombre restreint, le manque probable de justesse des canons de fortune contre avions, l'insuffisance de méthodes et l'inexpérience des artilleurs — ajoutons aussi une absence de foi générale — permettaient à ces premiers soldats de l'air d'agir en sécurité relative à des altitudes depuis longtemps mortelles.

Quel attrait, inconnu aujourd'hui, présentaient les reconnaissances! Voguant sans entraves, mais non sans danger, dans la griserie ensoleillée du ciel, œil sans cesse aux aguets et auquel rien n'échappe, voyant mieux qu'il n'est vu, l'aviateur étudie le terrain dans l'ardeur d'une recherche maintes fois récompensée. Quelle joie, parfois mêlée d'angoisse, de découvrir sur le paysage mouvant les manœuvres ennemies! Avide de rapporter les renseignements demandés, — auxquels tant de sceptiques, hélas! ne croyaient pas, dont trop de chefs n'ont jamais tenu compte! — désireux d'exercer une surveillance fructueuse, il scrute minutieusement la campagne léthargique. Son regard fouille des zones définies, court au gré des plaines et le long des chemins, interroge le mystère des forêts protectrices, plonge dans les vallons, s'agrippe aux coteaux, surplombe les horizons. Soudain ses yeux habitués devinent quelque chose. Palpitant, il s'approche du point intéressant. Il s'isole le plus possible du fuselage pour se dégager de ses vibrations et, résistant à la poussée du vent, tient ses jumelles braquées. Sur la lentille, se précise l'image agrandie et fidèle du sol. C'est, dans un décor enjolivé par la miniature, l'éparpillement de troupes au repos dans un champ dissimulé auquel elles se confondent; l'apparition de colonnes en marche : des masses noires glissent sur le filet blanc des routes et se conforment à leurs sinuosités avec une faculté reptatoire; l'activité sur les voies de communication : les trains se remarquent vite par le panache mouvant de la fumée des locomotives, un tourbillon de poussière peut attirer l'attention sur un convoi; l'emplacement de batteries nouvelles : on distingue les abris groupant les pièces, révélées souvent par les pistes qui y conduisent, de travaux récents dont les indices frappent.

Alors il griffonne en hâte des notes sous un croquis explicatif et continue ses investigations.

Souvent, son rôle est rendu palpitant par la menace plus ou moins dangereuse de nombreux shrapnells. Parfois le vol a des périodes de calme complet qui le font ressembler à une promenade : sous l'immobilité du ciel taché de quelques nuages, comme des voiles sur la mer bleue, les sites se montrent en un très lent passage, infiniment rapetissés par l'altitude de laquelle on les domine. Tranquilles là-haut dans leur nacelle, les deux compagnons vivent dans une sorte de quiétude énervée. La principale hantise du pilote est cette voix du moteur qui lui indique sa marche régulière et dont toute défaillance contraindrait l'aéroplane à descendre, à quitter ces régions éthérées fascinantes de liberté, pour atterrir vaincu, livrant ses occupants à l'emprisonnement odieux d'une carrière brisée. L'observateur, lui, a l'avantage de pouvoir s'absorber plus exclusivement en son travail. Quelle volupté d'aller cueillir des détails au cœur même des régions que l'ennemi occupe et défend avec opiniâtreté ! Quelle impression aussi, toute de mélancolie, quand on ne peut plus se poser comme la veille sur un lambeau de patrie pris par la force des armes ; toute de bonheur quand on l'a reconquis !

La mission terminée, l'oiseau revient à tire d'ailes vers son nid pour y rendre compte des résultats obtenus.

Le temps passe. Les événements se précipitent. Contemplant leur théâtre comme un échiquier immense, surveillant les préparatifs de la partie, l'aviateur est anxieux

ou impatient de la voir débuter. Journel-
lement, plus souvent peut-être, il a suivi
la marée montante de l'ennemi. Il a signalé
la concentration de troupes, relevé leurs
positions successives, apprécié leur force.
Au retour de ces raids dont l'efficacité
directe et la beauté se doublent d'un agrément personnel, au-dessus des plaines
paisibles où l'engagement est imminent,
il songe et interroge les travaux des soldats dont il est l'éclaireur.

La bataille commence. D'heure en heure,
il en enregistre les alternatives. Il rédige
un minutieux compte rendu complété de
tout facteur efficient ou renseignement
utile.

...Du paysage, étalé d'abord en une
somnolence rêveuse, jaillit un invraisem-
blable feu d'artifice. Les coups de départ,
les éclatements d'arrivée des obus, allument une infinité de points lumineux sur

l'ombre de la terre. Une multitude de panaches en bondit. De la concentration momentanée des tirs sur un même but ou sur des objectifs rapprochés naissent de véritables nuages qui s'élèvent, voilent la région, s'étirent au gré du vent. L'acuité de la lutte multiplie, masques très gênants pour l'observation, ces foyers où se disputent plus opiniâtrement des parcelles de patrie.

Après la préparation d'artillerie, tandis que les canons modifient leur portée, l'infanterie et la cavalerie partent à l'assaut. Houle subite. Embruns d'éclairs et de fumées. D'en haut, on ne perçoit pas toute l'infâme et magnifique horreur de ces situations. On distingue des groupements imprécis qui chevauchent; on constate les chocs des rencontres, on définit des manœuvres stratégiques, sans voir les corps qui éclatent, les membres qui disparaissent, les blessés qui s'accumulent, les cadavres qui s'amoncellent. Les vagues des combattants se rapprochent, s'entre-mêlent, se disloquent, s'éloignent. Suivant les succès partiels, une aile fléchit tandis que l'autre avance. Métamorphosé par ce branle-bas général, le panorama revêt des aspects shakspeariens : les forêts s'allument comme des torches et disparaissent. Les campagnes alvéolées se changent en chaos. Les villages, tantôt nénufars épanouis au soleil, brûlent. Une sorte de brouillard enténèbre le combat pour en cacher l'épouvantement. Tel un mouvant décor, tout paraît se traîner d'une marche immuable vers la fatalité, se résorber dans les volutes d'un inextinguible incendie, mourir... La terre meurt et vous tend les membres calcinés de ses forêts... La terre meurt et vous regarde des yeux crevés des entonnoirs qui la déchirent... La

terre meurt dans le rictus facial de ses villages détruits...

Et l'on n'ose penser que ce sont des
hommes, les soldats dantesques qui s'y
meuvent, comme sous l'action d'une imagination infernale.

Quelle fièvre quand, rentré de reconnaissance, tout palpitant encore des choses
vues, l'aviateur écoute au lointain le grondement de la canonnade. Tandis que les
camarades s'envolent, quel énervement,
malgré la fatigue physique et morale
éprouvée, de devoir rester inactif parce
que son rôle se concentre en quelques
heures! Spectateur d'un drame où se
jouent des milliers d'existences et le sort
peut-être d'un peuple, en même temps
acteur effectif en modifiant les divers actes,
il plane au-dessus du charnier humain dans

un sentiment exalté de grandeur et de noblesse. C'est que les détails qu'il surprend ne sont jamais que des grandes lignes. C'est qu'il est spécialement impressionné par le tableau immense surplombé. C'est que, par delà la zone d'effervescence, il embrasse la physiologie terrestre inchangée, et que, pointant dans le ciel calme de son aérodrome après un péril intensifié, il se retrouve sans transition dans la paix du vol et la poésie du retour.

Quel état d'âme foncièrement neuf l'émeut quand, supputant les chances des adversaires, il vibre aux péripéties des combats, quand il voit faiblir son camp, quand il le voit triompher!...

Ces reconnaissances si passionnantes n'ont lieu que pendant quatre mois. Renaîtront-elles?...

A la guerre stratégique succède la guerre de tranchées. Peu de mouvements de troupes. Plus de vraies batailles. Ces offensives partielles sur un secteur bien défini de quelques kilomètres n'occasionnent plus les visions invraisemblables, les émotions d'autrefois. Après une préparation formidable d'artillerie noyant le sol d'une épaisse fumée, les plus brillantes charges des fantassins, — ces rois de la reine des batailles, — ce choc d'une muraille de poitrines contre un mur de terre défendue, n'aboutissent, malgré les plus sanglants sacrifices, qu'à une avance à peine marquée de quelques centaines de mètres. Et l'avion — qualifié alors avion d'infanterie — repère le départ et l'aboutissement des vagues d'assaut au moyen de signaux conventionnels d'une perception très délicate et dont le relevé accable d'une responsabilité écrasante. Car c'est d'après lui que

les canons aveugles modifient la trajectoire de leurs obus pour creuser une brè-
che dans les lignes ennemies, pour protéger une attaque en la faisant précéder d'un
rideau de fer.

Si l'intérêt personnel de ces missions
est moindre que dans les précédentes, leur
utilité est aussi précise et leur danger plus
grand.

La guerre actuelle n'empêche pas la
reconnaissance à longue portée. Les zones
de l'arrière sont régulièrement survolées
pour exercer sur l'ennemi une surveillance continuelle et renseigner l'état-
major sur l'activité qu'il y déploie. Ces
missions servent à dévoiler les projets de
l'adversaire, à préciser son organisation,
à découvrir un point faible. Leur coordina-
tion donne une résultante précieuse. Par

elle, les chefs intéressés prévenus de toute velléité d'attaques ou d'une inaction flagrante peuvent parer à quelque éventualité ou prendre une initiative heureuse.

Pendant cette interminable stagnation, le meilleur rendement de la reconnaissance se résume au relevé minutieux des positions. C'est là que la photographie aérienne produit de merveilleux résultats. La série successive des clichés compose avec exactitude la carte complète du front. Pour se tenir au courant des changements effectués, il suffit de comparer une épreuve ancienne à l'épreuve récente. On y découvre tout avec une netteté incroyable. Aucune dissimulation n'est possible. Et la véracité de ces documents, au moins, ne peut se discuter ou être controversée !

En une image très fine les moindres choses s'évoquent au coup d'œil dans leur physiologie révélée. Sur un fond grisâtre étoilé de maisonnettes, les champs, les prés découpent leur carrelage, les nappes d'eau marquent une empreinte plus brillante et les forêts montrent leur masse touffue. Le filet blanc des routes y dépose les mailles de son réseau. Aux abords des lignes, tout se fige, comme l'expression de la vie sur le visage d'un mourant. La campagne, ravagée par un mal inconnu, s'émaille d'une multitude de petits trous assemblés avec une rage acharnée. C'est la lèpre des obus qui la défigure. Et parmi ces alvéoles pareils à des orbites affreusement vides, longeant un fleuve, s'appuyant à quelque village cadavérique dont les restes se décomposent, rayant la campagne, apparaissent des sillons ininterrompus, incroyablement sinueux, ramifiés

entre eux : les tranchées où des soldats,
presque des surhommes par leur énergie
constante, vivent, luttent, meurent depuis
des années.

L'étude attentive à la loupe de ces photographies ou de leur projection sur un
écran est une perquisition à laquelle rien
n'échappe. Tout ressort comme sur une
carte géographique, mais avec en plus du
relief, la multiplicité et la précision des
détails. On voit jusqu'à des abris pourtant
dissimulés, jusqu'à des pistes, jusqu'à des
lignes télégraphiques et téléphoniques. Par
un travail d'induction, il est possible d'obtenir des révélations extrêmement pré-
cieuses.

Par elles les deux buts de la reconnaissance se trouvent remplis : le premier con-
cernant l'état-major, la plaque sensible
révélant l'état du front, des voies de communication, l'importance du matériel dans

les dépôts ; — le second, relatif à l'artillerie, puisqu'elles enregistrent des travaux
que l'observateur n'aurait pu percevoir à
l'œil et donne lieu à une analyse poussée
au maximum.

On peut aisément se représenter le rôle
prépondérant de la photographie aérienne
de plus en plus développée.

La mentalité de l'aviateur s'est aussi
modifiée dans ces derniers genres de reconnaissance. Au lieu du caractère prime-
sautier, de l'intérêt renouvelé et passion-
nant qui émanaient de la guerre de mouvement, il ressent la nostalgie propre à la
guerre nouvelle. Par la force de l'habitude
et l'entraînement au danger, il éprouve
parfois, dans la fièvre même de l'action,
cette impression décevante qu'engendre
un exercice trop souvent renouvelé. La

routine ne décolore-t-elle pas tous les actes?

La physionomie dominante du vol est la barrière que se sont mutuellement dressée les combattants. C'est la délimitation nette de deux zones : d'un côté, la notion du chez-soi où l'on évolue à l'aise sous un ciel paisible. De l'autre la menace continuelle des nombreux aléas qui vous guettent : poursuite intermittente des salves d'artillerie; attaque intempestive d'un avion de chasse, dont l'imminence possible obsède votre vulnérabilité; emprisonnement correspondant à toute défaillance de l'appareil. Entre les deux, barrages, qu'il faut traverser à l'aller et au retour, de shrapnells dont l'apparition bruyante semble nouer en l'air les nœuds d'un filet aux invisibles trames.

... Que de regards se sont fixés sur cette barrière, chargés d'anxiété et de désirs dans les moments ultimes où, par une contraction indéfinissable, l'âme frissonne au contact de la mort... Que de regards s'y sont accrochés désespérément en un dernier spasme d'espoir au cours d'une descente forcée chez l'ennemi... Que de regards s'y sont posés en douloureux adieu pendant la chute dont on ne se relève plus, à cette barrière en deçà de laquelle on ne repose même pas en paix dans sa terre bien-aimée... Que de regards l'ont suppliée dans un paroxysme de vouloir, quand l'aile défaillante doutait de pouvoir atterrir derrière cette rade où le danger s'efface, comme au port pendant la tempête... y atterrir afin d'être soignée, guérie, en repartir pour de nouveaux exploits...

CHAPITRE II

LE RÉGLAGE DU TIR

Le réglage de tir en aéroplane n'occupe
pas dans l'estime générale la place méritée.
Il donne un rôle effacé — donc plus méri-
toire — où celui qui le joue n'est ni encou-
ragé par l'attrait d'une belle reconnaissance ou l'élan instinctif du combat, ni
parfois consacré par un communiqué offi-
ciel. Cette mission reste pourtant l'indispensable auxiliaire sans lequel les canons
à grande portée — dont l'emploi se multiplie — seraient pratiquement inutilisables
parce qu'aveugles. Elle le devient aussi
pour les pièces de calibre inférieur, dès
qu'un sol montueux dérobe l'objectif visé

à l'observateur terrestre. Exigeant une véritable abnégation, elle demande l'humble mépris d'une mort sans gloire.

Au point de vue utilitaire, tout restait à créer dans l'aviation militaire, aussi bien dans son autonomie que dans sa corrélation avec les autres armes. Tandis qu'en 1914 les forces ennemies pénétraient victorieusement chez nous, il fallut remédier au manque de foi général qui fit négliger ou empêcha l'organisation de la navigation aérienne, l'aider à sortir d'un domaine uniquement sportif et, la perfectionnant en vue de buts bien définis, lui donner les moyens d'atteindre le développement merveilleux obtenu depuis lors.

Pendant les premiers mois du conflit, on esquissait des méthodes d'utilisation logique et complète. Ère périlleuse de tâtonnements ! Après trois ans de travail, on les étudie, on les modifie encore. Que de temps perdu, que d'occasions manquées qui ne reviendront pas !

Sur de frêles engins à l'essor difficile, non conçus pour un rendement spécial, les aviateurs s'envolaient. La liaison entre ciel et terre s'effectuait au moyen d'une série de signaux conventionnels dont la lenteur et l'incommodité égalaient seuls l'imprécision : virages à droite, à gauche, suivant le point correspondant constaté de l'éclatement de l'obus ; fusées de différentes couleurs pour les autres indications ; enfin messages lestés, jetés de la nacelle avec le double retard du détour nécessaire afin de permettre le lancement du sac contenant les notes à un endroit fixé, et les recherches plus ou moins longues pour le trouver sur le sol et le remettre à l'officier intéressé. Telle était la situation jusqu'au début de 1915.

Depuis cette époque les perfectionnements des avions, les inventions, les découvertes, leur emploi judicieux, ont amené
des résultats inappréciables où les qualités
de vol, la télégraphie par sons ou lumières
et la téléphonie sans fil, un ensemble con-
cis de panneaux, sont de précieux facteurs
que l'heure ne permet pas de divulguer.

Un coup de téléphone : une batterie se
met en rapport avec l'escadrille pour
demander si le temps reste propice à un
réglage de tir. Plusieurs conditions sont
nécessaires : bon fonctionnement des
appareils, état atmosphérique suffisamment favorable, y compris la visibilité et
l'altitude moyenne des nuages. Évidemment, au cours d'offensives partielles et
dans les cas d'extrême besoin où les

chances d'accidents mortels n'entrent plus
en ligne de compte devant une réussite
possible, la cinquième arme se sacrifie.
Mais par cette guerre morbide de position
où, dans sa longueur infinie, les événements notoires ont le choix du jour pour
se dérouler, on tient compte des éléments
naturels et artificiels ligués contre la navigation céleste, toujours incertaine et dangereuse.

L'heure étant bonne, l'équipe prête
compulse les cartes et les photographies
de l'objectif à détruire, choisit l'itinéraire
le plus logique à suivre pendant l'opéra-
tion, prend son essor...

Après un détour fait pour gagner sa
hauteur, on se dirige vers le front. Lentement on approche. Le regard habitué
retrouve et décompose le secteur aux

détails connus par cœur. L'observateur saisit les lorgnettes, étudie le but jusqu'à ce qu'il l'ait parfaitement identifié. Puis, déroulant l'antenne dont le long fil glisse sous les ailes et pend avec son contrepoids loin derrière la queue, il donne le premier commandement : Tirez. L'avion décrit un brusque virage et s'élance, face à l'ennemi.

C'est souvent le moment préféré par l'artillerie anti-aérienne pour entrer en action dans l'espoir de « descendre » l'aéroplane ou l'empêcher d'accomplir sa mission. Comme des nénufars bourgeonnant au ciel bleu, les shrapnells jaunes, blancs, noirs, fleurissent autour des ailes.

Sans broncher, le pilote poursuit sa route rectiligne pour ménager la vue et faciliter la tâche délicate du régleur. Car celui-ci, imperturbable malgré les détonations violentes et proches, penché hors du capot, regarde attentivement aux jumelles pour repérer l'endroit où l'obus va exploser.

En raison de nombreux facteurs, on distingue bien ou mal, comme une tache soudaine et vite effacée, les éclatements de 75 aux salves rapides, précipitées comme des coups de poing. Pour les shrapnells, des volutes bondissent, puis se laissent mollement entraîner par la brise. Suivant l'augmentation de calibre des pièces en service, jaillissent, plus frappantes, des colonnes de terre et de fumée dont la gerbe évasée retombe en éparpillements.

Il suffit de se représenter les conditions sous lesquelles l'approximation exacte se cherche, pour se rendre compte des difficultés à surmonter : l'observateur résiste sans protection à une vitesse d'au moins cent kilomètres à l'heure. Il est soumis aux vibrations inévitables du fuselage et

aux soubresauts du biplan dans les remous.
Il surplombe un paysage mouvant et
minuscule que la perspective déforme,
dont il doit apprécier différemment les
proportions changeantes au gré de l'altitude et de la distance. Toutes ces nuances
de sentiments travaillées encore par l'énervement naturel qu'engendre parfois le
danger.

Aussitôt le point de chute constaté, il
le situe avec précision, détaille chaque
emplacement, en attend un groupement,
ou retient les indications de portée et de
direction, suivant les méthodes, renseignements qu'il communique par la télégraphie sans fil.

Pendant que l'artillerie effectue des cor-
rections et recharge les canons, l'aviateur
s'efforce de dépister le tir aérien. Comme
son itinéraire doit rester sensiblement le
même, il ne sait se défendre qu'en modi-

fiant par intuition son vol à l'instant opportun sans pouvoir quitter la zone contre-
battue. Le réglage continue, avec simulta-
nément un laps de temps inutilisé et une
période active pendant laquelle il main-
tient le plus de stabilité possible. Parfois,
connaissant l'emplacement des batteries
contre avion, il les surveille et surprend
les flammes des coups de départ. Il sent
un besoin réflexe de plonger, de virer
pour échapper au shrapnell qui lui est
envoyé, qui arrive, puissant et invisible
durant des secondes interminables, qui va
éclater... Mais son compagnon, l'attention
tendue, absorbé par sa mission, ne songe
qu'à l'obus dont il précise la trajectoire...
Et l'autre, celui qui voudrait l'en empêcher, culmine, saute avec un bruit sec, très
perceptible malgré le vrombissement du
moteur, ajoutant aux autres un nouveau
panache de fumée qui s'étire dans l'air...

Quand le but visé est éloigné des lignes, un très dangereux ennemi est à craindre : l'appareil de chasse, oiseau nain mais bolide qui s'élance et vous surprend de toute sa vitesse, de toute la précision de sa maniabilité, de toute la puissance de ses moyens d'attaque, devant lequel le pauvre aéroplane lent et souvent non·armé ne peut que goûter — s'il n'est pas abattu — l'atroce démoralisation d'une fuite sans défense.

De temps à autre vient un moment de détente qui permet au pilote et à l'observateur de se parler. Tête à tête étrange, là-haut dans les cieux, seuls sous un dôme immense, dans un éclaboussement de nuages et une fête de soleil, libres au grand air sur des ailes soumises et douces. Seuls, au-dessus de soldats merveilleux dont l'héroïsme tenace et inconscient se terre sans pâlir, depuis des années, dans la boue elle-même poétisée de cette altitude. Seuls, surplombant un panorama tressaillant des batailles, aux yeux de tous, tandis que les fantassins obscurs de cette décevante guerre doivent rester sans voir, sans être vus, pour vivre et pour mourir. Seuls, au milieu d'une troublante auréole de flocons dont l'éclosion subite et tapageuse leur crache une mitraille d'acier d'une force disproportionnée à leur vulnérabilité, à la fragilité de la carlingue sans défense, des haubans creux, de simples fils dont la rupture cause une catastrophe... Et si vraiment seuls que, bouche contre oreille, ils s'entendent à peine sous la poussée du vent, dans le fracas du moteur ; mais suffisamment toujours pour se donner une impression, se crier une parole de réconfort, comprendre un mot pour rire...

Le réglage de tir se poursuit par la même monotonie. Fatigant et lassant parfois à cause des évolutions imposées, de la présence continuelle dans le danger. Généralement intéressant par les résultats qu'il provoque.

Il y a une véritable satisfaction à constater l'action anonyme d'un rôle sans gloire mais infiniment utile. On y songe peut-être en revenant vers son aérodrome tandis que le froid, la lassitude, le contentement né de la mission réussie, la vague contemplation des déchirures et des bris qu'ont pu causer des balles et des éclats, créent un engourdissement qui berce dans le calme du plein ciel, dans la paix du soir mauve...; tandis que là-bas, grâce à vous, l'œuvre de destruction s'accomplit, une pluie d'obus achève de tomber...

CHAPITRE III

LE BOMBARDEMENT AÉRIEN

Le bombardement aérien se divise en deux catégories, suivant qu'il s'accomplit de jour ou de nuit.

Le bombardement de jour trouve un judicieux emploi dans la guerre de mouvement, lorsqu'il est possible et avantageux de disperser des groupes d'une arme quelconque se disposant à prendre part à la bataille, de contrecarrer leur marche ou d'enrayer leur mouvement, en jetant le désarroi dans leur organisation, la mort dans leurs rangs, en avariant leurs voies de communication et en affaiblissant leurs moyens d'agir. Dans l'état actuel des événements, des troupes étant rarement visibles à part au moment d'offensives partielles, son effet se trouve considérablement amoindri. Car, avec ou sans viseurs (qui ne donnent pas jusqu'ici de résultats concluants), de l'altitude à laquelle les feux de l'artillerie spéciale, des mitrailleuses et de l'infanterie obligent à évoluer, étant donné le peu d'étendue relatif du but et le nombre de facteurs qui interviennent lors de la chute des bombes, on ne peut espérer qu'une très vague précision. Seulement, en plus de l'adresse de l'aviateur, il reste la chance, la chance qui fait traverser heureusement les tirs de barrage, qui guide les engins meurtriers vers un endroit auquel on ne les destinait pas, sur une ferme occupée, près d'un convoi, à un carrefour animé; la chance, la grande maîtresse.

A tous les points de vue, le bombardement de nuit est infiniment plus sérieux et plus utile. D'abord, grâce à l'invisibilité partielle des aéroplanes permettant aux bombardiers de descendre beaucoup plus bas et dans de meilleures conditions au-dessus de l'objectif et d'obtenir une justesse suffisante. Ensuite pour l'effet moral. L'effet moral est un résultat fort efficace des bombardements aériens. Certes, il n'est pas négligeable le jour. Même des officiers et des soldats, merveilleusement aguerris par plusieurs années de dangers, qui subissent sans broncher des canonnades·intenses et des assauts furieux, se sentent un peu plus qu'énervés à l'apparition d'un appareil surgi dans les cieux fleuronnés pour venir leur lancer une centaine de kilos d'explosifs. Certes, quand les pilotes visent quelque usine en pleine activité, quelque village habité par un état-major, quelque gare vrombissante de circulation, ils y provoquent une démoralisation indéniable. Mais par les belles nuits, quand tout dans l'heure et la nature porte à la détente de l'esprit, lorsque les soldats, éreintés physiquement et moralement par leur présence face à l'ennemi, en une vie de taupes dont beaucoup meurent, jouissent, au repos dans un cantonnement d'arrière, d'un certain confort relativement aux tranchées, se délassent d'un sommeil réparateur par une sécurité qu'ils croient inviolable ; quand subitement ils sont tirés de leur quiétude, réveillés de leurs rêves par l'angoissante réalité, blessés, tués, harcelés par une force invisible ; quand ils entendent le ronronnement rapproché des moteurs, le sifflement aigu des bombes, leur déflagration violente, dans l'angoisse de ne pouvoir inférer l'emplacement de l'arrivée des suivantes, dans l'énervement d'entendre toujours l'avion exactement au-dessus d'eux; lorsqu'ils quittent brusquement la tiédeur des couchettes pour grelotter dans l'obsession nocturne en attendant la fin de l'attaque qui recommence au moment où elle semble terminée; alors l'effet moral atteint certainement son maximum et se prolonge longtemps encore après le passage des aéroplanes. De plus, nuitamment, les abords du front se réveillent de leur léthargie diurne, et dans cette recrudescence passagère on retrouve, en en sachant tirer un parti plus profitable, les principaux avantages du bombardement de jour.

C'est le moment de mettre à profit les renseignements de l'espionnage et des reconnaissances pour fixer les points les plus intéressants à bombarder : baraquements, aérodromes, gares, dépôts de munitions, d'essence, de matériel, etc.

BOMBARDEMENT DE JOUR

On a soigneusement vérifié l'appareil et fait fixer les bombes sous les ailes. Après avoir arrêté l'itinéraire, étudié le plan ou la photographie et l'objectif à attaquer, on s'installe un peu fiévreux peut-être d'une fièvre sportive et guerrière, dans l'attente calme des événements prêts à se précipiter. Vague adieu sans rancœur aux choses qui sont vôtres, qu'on va laisser bien loin derrière soi avec, entre les deux, l'inéluctable « barrière »; avec aussi la certitude que cet adieu n'est qu'un au revoir, une menace pour les rendre plus chères...

On s'envole, d'une montée alentie par le chargement. L'aiguille de l'altimètre passe imperceptiblement d'une division à l'autre. Le moteur ronfle régulièrement.

Succédant à l'énervement du départ, la sensation de sécurité s'amplifie dans la détente des occupations. Sur le sol les images se dessinent, de plus en plus lointaines, de plus en plus petites : gares dont on devine encore l'animation, lieux de cantonnements tout piquetés d'hommes, aérodromes où l'on distingue des silhouettes blanches... Quelles belles cibles... Dire qu'il suffirait d'agir sur un levier... que tout ce monde est à votre merci, en somme, songe-t-on en souriant...

Bientôt voici venir les ouvrages de premières lignes et les taches déchiquetées, les ruines vivantes de glorieux emplacements. L'action proprement dite commence : les guetteurs ennemis ont signalé votre arrivée et les batteries anti-aériennes ouvrent le feu. On connaît leurs emplacements et on attend avec impatience les éclairs des coups de départ, car les pre-

miers sont souvent les mieux placés et on
a hâte de pouvoir se défendre. Nées de
boules rageuses qui crachent la mitraille
avec leur apparition soudaine, les détonations des shrapnells se multiplient. C'est
comme un réseau de mort qu'il faut traverser. Un peu au hasard, on pique, on
monte, on vire, tandis que les volutes
nombreuses jaillissent en haut, en bas, à
droite, à gauche, glissent au vent qui les
étire, deviennent imprécises, s'évanouissent.

Quelle joie de franchir la zone que l'ennemi voudrait infranchissable! Quelle fierté
de narguer ce cortège macabre qu'on
accepterait de supprimer de temps à autre, mais qui possède un charme tout particulier, très particulier! Quelle satisfaction de constater cette dépense vaine de
munitions, tant que les ailes sont blessées
d'éraflures pareilles à des encouragements.

On se retourne une dernière fois. Il arrive d'éprouver une certaine émotion en regardant se brouiller au loin l'horizon que l'on quitte, l'horizon paisible d'un peu de patrie endeuillée; en sentant se resserrer autour de soi l'infini de la solitude sans recours au-dessus de l'ennemi.

La marche continue, mais combien lente! Lente parce que l'altitude diminue virtuellement la vitesse de l'avion par rapport à la terre. Lente à cause des détours qu'on est obligé de faire pour tromper le tir. Lente de tout l'énervement que produit pour le pilote le manque de maniabilité du biplan alourdi dans la fleuraison ininterrompue des obus, et pour l'observateur la présence passive dans le danger.

Heureusement, l'incommensurabilité du ciel ménage des périodes de calme. Passant inaperçu ou hors de portée des canons, on glisse paisiblement sur l'air étale. L'aviateur, anxieux de prévenir les caprices du moteur, l'écoute avec recueillement, car de cette voix dépend la réussite, la liberté et peut-être la vie. Son compagnon, responsable de la route, identifie sur la carte minuscule l'immensité paysagère. Parfois, s'étant assuré de la direction à suivre, il interroge longuement le vide. C'est qu'il y peut tout à coup découvrir un point mouvant dont l'élan rapide et subreptice lui révélera l'avion de chasse, celui qui le vaincrait au cours d'une lutte inégale, et l'écraserait, mort, au sol...

Et brusquement au cours du trajet, on est de nouveau soumis aux salves méthodiques des batteries anti-aériennes de l'arrière. Pourvu qu'un éclat ne vienne pas provoquer la panne fatidique, causer la rupture d'une pièce essentielle !...

Le voyage se poursuit entre la confiance

de l'espoir et les affres de l'incertitude. Que d'imprévu souvent au cours de toute longue randonnée : visibilité gâtée, banc de brumes, mer de nuages, intempéries, compliquant la situation déjà délicate, empêchant de suivre l'itinéraire choisi, de trouver les points de repère. Erreur d'interprétation prolongeant la durée du parcours et faisant craindre un manque de combustible dont la quantité limite strictement les heures de vol. Alertes d'attaques, d'autant plus graves en cette circonstance que, même sans résultat direct, elles causent une perte de temps pouvant devenir néfaste. Peut-être défaillances de moteur dont tout l'être frissonne de l'atroce frisson de l'atterrissage forcé.

On s'imagine aisément l'état d'âme de ces soldats de l'air au cours de leurs missions.

Survolant le territoire ennemi, ils sentent des crispations de colère en découvrant quelque animation sur les chemins, dans les agglomérations. Quelle furieuse envie de se délester de ses bombes en passant au-dessus de quartiers populeux, en représailles, par vengeance des atrocités honteuses dont l'ignominie allemande ne cesse de se couvrir depuis plusieurs années. C'est inhumain. Est-ce donc plus humain de laisser assassiner les nôtres, faute d'employer le seul argument à la portée de la mentalité teutonne?

Mais, hélas! c'est plus souvent au-dessus de leurs contrées envahies qu'ils évoluent. Qui ne l'a pas vécu ne peut concevoir la nostalgie profonde, la tristesse poignante dont on vibre à reconnaître sans y pouvoir aller, en les sachant douloureusement oppressées et meurtries, ces provinces de la patrie tant aimée; à contempler longuement comme par un cauchemar de Tantale ces villes, ou leur vestige...

Le point visé approche. Les dernières secondes semblent interminables. Descendue de quelques centaines de mètres pour obtenir plus de précision, penchée hors de la carlingue, tendant ses facultés dans un oubli du reste, l'équipe fixe l'objectif. Déjà la main se tend vers le levier de déclenchement. Seconde délicieuse d'intense jouissance : tout ce qu'on a souffert, tout ce qu'on a espéré, se concentre en un instant de recueillement. Amour, haine, devoir, péril se savourent au moment de jeter le désarroi et la mort. On s'est risqué pour cette minute. Elle devient le couronnement de vos efforts, de vos aspirations. Puis cela même disparaît par l'absorption complète de l'esprit. Cette phase du bombardement est la plus palpitante. On n'entend plus éclater les

shrapnells de la défense.... Le but est
là..... Les doigts saisissent la poignée
qu'ils caressent avec une véritable volupté, un pardonnable et bel orgueil...
Où vont tomber les bombes ?... Une
contraction... puis deux... Puis trois...
Elles se détachent et glissent dans la
lumière... Virage brusque... On peut
suivre la trajectoire de leur chute... Quel
charme inimaginable et plein de poésie !...
Elles brillent au soleil en un balancement
rythmé... On s'imagine l'effet que leur
sifflement doit produire... la course vers
les abris... les soldats qui se couchent...
l'explosion qu'on n'entend pas... une
gerbe de fumée qu'on situe éperdument...
une destruction, des blessés, des morts
peut-être ?... Hélas ! probablement ne le
saura-t-on jamais.

Dès que les éclatements sont constatés,
on s'enfuit à tire d'ailes en reprenant

de l'altitude. Brièvement, les aviateurs échangent quelques mots pour se communiquer leurs impressions, se réjouir ou s'attrister du résultat deviné. La mission terminée, plus fébrilement peut-être, la rentrée s'effectue avec les mêmes péripéties que pendant l'aller. La vitesse de marche paraît nulle tant on a hâte d'arriver au nid.

Enfin, au loin, on entrevoit les lignes. La « barrière » se précise et monte jusqu'à plusieurs milliers de mètres par la recrudescence des shrapnells... Pourvu qu'un maudit avion de chasse ne vienne pas éloigner à jamais la perspective du retour... L'aile éployée s'élance pour sa dernière lutte au milieu des obus dont certains la déchirent... Voici les tranchées.... Voilà l'aérodrome... La paix du ciel ami... La descente définitive qu'égaye une radieuse détente...

BOMBARDEMENT DE NUIT

Par une heure nocturne protectrice, les avions s'élancent... Si le vol de nuit est plus fatigant à cause de la surveillance continuelle de l'itinéraire et la recherche complexe de la route, il s'en dégage une quiétude très prenante. Plus dangereux comme sport en raison de l'éventualité d'une panne qui devient fort grave, il l'est moins comme mission. Peu de shrapnells. Presque pas de combats. De temps à autre salves d'artillerie, feux de mitrailleuses, recherches fiévreuses de projecteurs dont il importe de se défendre. Sinon la paix rêveuse du clair de lune, le voile défensif de l'ombre, la phosphorescence nivéenne des ailes découpées sur des sites énigma- tiques, le calme atsmosphérique qui fait de l'essor un glissement ininterrompu dans une douce sensation de sécurité.

A part ces nuances, même psychologie générale que pour le bombardement de jour.

Le but se révèle. Pilote et observateur s'en assurent en un religieux recueillement. Quand ils l'ont trouvé, ils partent à l'attaque. Car ce n'est pas, d'ordinaire, un simple lâcher d'engins dans l'obscurité complice. Bien au contraire. Comme on descend très bas pour obtenir le maximum de précision, on devient parfois visible et on est soumis à l'action rageuse de la défense. Malheur si le faisceau d'un projecteur vous rencontre à ce moment! D'autres fois — et c'est le cas usuel — l'ennemi déclenche, dès qu'il surprend le vrombissement d'un moteur, un violent tir de barrage au-dessus de l'endroit présumé visé, sachant que l'aéroplane doit exactement le survoler. Les obus éclatent nombreux alors, espacés en colonne, ponctuant le grisé de leurs vives lueurs. En un véritable duel, le biplan fonce dans la zone dangereuse où jaillit la mitraille avec, au-dessus, à côté, au-dessous de lui, les projectiles dont l'explosion proche l'illumine d'un éclair. Enfin, la seconde arrive de laisser choir les bombes. Elles tombent. Il semble qu'avec elles on se déleste d'un peu de haine et de vengeance. Quel bonheur de voir brusquement surgir du sol la gerbe de feu qu'y allume leur déflagration; de surprendre le panache fumeux animé d'étincelles qui succède; d'entendre les éclatements, perçus malgré le ronronnement du moteur; d'escompter le mal qu'on a pu faire; de savourer une enivrante impression de réussite...

Le repérage approximativement déterminé, on s'éloigne rapidement en suivant un détour pour échapper à la poursuite un peu inconsciente des shrapnells, des balles, des projecteurs.

Avant de s'évanouir dans la nuit, dernier coup d'œil vers l'objectif de plus en plus embu où les bouquets de fumée achèvent de se dissiper... Et c'est tout... Dans le calme et la joie profonde du retour, l'oiseau guerrier, heureux de sa mission accomplie, replie les ailes, panse ses blessures, se demandant avec espoir s'il en a pu causer.

CHAPITRE IV

CHASSE ET COMBATS AÉRIENS

La chasse aérienne présente la mission
la plus glorieuse, étant celle qui frappe le
plus l'esprit par les résultats tangibles
qu'elle donne, le brio qu'elle comporte et
l'émotion violente qu'elle engendre. Qu'on
n'en conclue point qu'elle soit réconfortante et facile à accomplir : dangereuse
par essence, extrêmement délicate, elle
devient bien rarement fructueuse. On ne
se rend pas compte du nombre d'heures
de vol qu'il faut totaliser pour arriver à
livrer un combat dont le résultat n'est
même pas définitif ou apparent.

La chasse aérienne n'existe point depuis

le commencement des hostilités. Au début, sur des appareils sans moyens d'attaque ou de défense, deux aviateurs, se croisant, échangeaient des signes, dans la confraternité d'une situation nouvelle et incertaine. Anormal, cet état de choses ne pouvait durer surtout entre des nations mues l'une contre l'autre par une haine grandissante. Les soldats de l'air commencèrent à se munir de revolvers, de fusils, de carabines. L'ère décisive s'inaugurait. D'après l'organisation de l'aviation et son développement, on appliqua l'usage courant de la mitrailleuse. Cette adaptation avait été réussie déjà en temps de paix, mais imparfaitement, et sans qu'on se fût attaché à la généraliser. La cinquième arme, prodigieusement perfectionnée par la force des événements, donna naissance alors aux bolides aériens souples et rapides dans la double infinité de leurs évolutions, spécialement conçus et aménagés pour leur but. Biplaces d'abord, ils furent transformés en monoplaces pour augmenter encore leurs qualités d'oiseau.

*
* *

Il existe trois genres de vols de chasse : protection d'autres avions; missions de barrage destinées à empêcher les incursions au-dessus d'endroits intéressants d'arrière ou de bataille, d'en prendre les photographies, d'y jeter des bombes; patrouilles dans les lignes.

Dans le premier cas, le rôle des chasseurs est bien défini : scrutant le firmament insondable pour y découvrir l'aile sournoise en quête d'une proie, ils servent d'escorte aux aéroplanes plus lents et impropres au combat. Ils ne s'éloignent guère de leurs protégés, vivant leur vie et partageant leurs dangers. Dès qu'un ennemi tente de s'approcher, l'un d'eux se détache du groupe et fonce sur lui pour le forcer à la retraite. Ces « corvées » sans liberté et sans initiative — voguer longuement autour des bombardiers ainsi qu'un chien fidèle, suivre les reconnaissances, ne pas quitter la zone où les observateurs d'artillerie opèrent leur réglage — ne sont certes pas amusantes. Mais elles n'en sont que plus utiles.

Quoique pleine aussi de monotonie, la mission de barrage est très importante puisqu'elle tente d'annihiler l'action de l'aviation adverse. Se relayant sans cesse aux environs de points stratégiques importants ou de positions révélatrices, les pilotes se succèdent pendant d'interminables heures passées à de grandes altitudes. Gardiens vigilants et empressés, ils survolent le secteur prescrit, attendant dans une quiétude énervée l'affolement calme des combats.

Enfin, les patrouilles offrent le plus d'intérêt, car elles donnent à l'aviateur toute latitude pour déployer sa hardiesse, sa science et son flair. Ces sorties se revêtent du charme d'un sport, — sport héroïque et fabuleux, lutte à mort dans l'immensité vide, chasse à l'homme en sa triste et poignante beauté.

... C'est la battue dont on revient bredouille sans avoir levé de gibier; la poursuite où l'on ne parvient pas à rejoindre l'adversaire fuyant qui vous échappe; la course en hauteur et en vitesse avec un ennemi qui refuse le combat; le guet où l'on veille avec impatience, sous l'ardeur trop longuement soutenue, trop fréquemment déçue, d'un lassant espoir. Puis le retour voilé de tristesse vague qui, régulièrement répétée, exige une forte dose

d'énergie et d'entrain pour être vaincue.

C'est l'affût récompensé par l'apparition
d'un appareil; la stratégie déployée pour
l'identifier et l'atteindre; la brusque plongée pour le surprendre dans une position
défavorable, au moment où, absorbé par
son travail et peu apte d'ailleurs à se défendre, il ne vous a pas vu venir; la rencontre dans toute la brièveté de sa phase
efficace; la rentrée nostalgique ou triom-
phale...

Mais c'est aussi l'attaque splendide, seul
contre un groupe, en un mépris merveilleux de sa tactique coordonnée; l'action
violente après le choix placide de la victime; les blessures qu'on essuye plus peut-
être qu'on n'en cause; la fin du drame, —
ou le duel épique, véritable tournoi provo-
quant en plein ciel, à quelques milliers
de mètres d'altitude, toute la chevalerie

moyenâgeuse dans le décor d'acrobaties folles d'une inénarrable audace.

Il faut noter que la réussite d'un vol de chasse n'implique pas la chute mortelle de l'adversaire. La mission de l'avion se trouve remplie lorsqu'il a empêché l'autre d'accomplir la sienne.

Deux cas de combats se présentent, essentiellement différents au point de vue psychologique : l'attaque et la défense.

… Après de longues surveillances vaines, le pilote devine soudain un adversaire à l'horizon. Frisson d'un rien d'angoisse mêlé d'émotif plaisir, pareil en plus fort à l'expectative qu'éprouve un jeune nemrod quand apparaît, lors de portée encore, mais de moins en moins lointaine, une

pièce de choix. Cette impression se marque
d'autant plus que les avions de chasse sont
généralement monoplaces. La solitude
n'engendre pas le courage. Et si on la ressent déjà à deux dans la carlingue, mais
isolé du monde, qu'est-ce lorsqu'on y est
vraiment seul, sans aide, sans le réconfort
et la stimulation d'une présence, sans le
contrôle d'un témoin! Toujours indispensable à l'homme-oiseau, l'audace doit être
ici plus naturelle et de meilleure qualité
et se combiner à beaucoup d'enthousiasme
et d'énergie. La poursuite s'ébauche. Et
de voir un rapprochement sensible récompense un peu de tant de guets sans résultats. Quel contraste frappant entre la passivité des heures de vol et, condensée en
quelques brèves minutes d'une durée inexprimable, l'émotion poignante du céleste
hallali! Quels battements au cœur, quel
frémissement à l'âme, quelle sensation

dans tout l'être lorsqu'on se contracté pour un élancèment éperdu. La mentalité se dérobé à la vie coutumière comme si l'on se détachait brusquement de tout. Plus rien n'existe que le point devenu aile. Les croix noires de Malte se dessinent. Les détails apparaissent. Et même les aviateurs se précisent derrière la masse du moteur, dans l'ombre du fuselage. Vibration folle des sens dans la griserie de vitesse, de crainte et d'espoir. Pensée « humaine » allumée comme un éclair, plus vite éteinte encore, en face de la barbarie flagrante et de l'horreur indiscutable de l'acte commandé. Et tout cela — angoisse, émotion, plaisir, énervement, humanité — doit être violemment dominé, neutralisé pour la consommation du combat exigeant des « as » une maîtrise de soi-même, de son appareil, de son tir, une science, une bravoure, une dextérité peu communes.

... Deux cents mètres de séparation... Déjà, en un besoin d'activité, d'assouvissement qu'on surmonte avec peine, d'une main on frôle la gâchette de la mitrailleuse, tandis que l'autre continue l'accomplissement des mouvements nécessaires à la conduite du vol... Oh! presser la détente, vider ses chargeurs, précipiter la fin de cette obsession indescriptible et douloureuse... Mais non...

La volonté réagit : il faut arriver plus près toujours, revenir au calme par excès d'énervement et de tension mentale, reprendre possession de ses facultés décuplées...

Il faut, spontanément et réfléchi et ambidextre, combiner sa tactique, apprécier les distances, épauler soigneusement malgré la vitesse, malgré la résistance de l'air, malgré toutes les positions défavorables qu'on subit, toutes les positions difficiles qu'on doit prendre, après avoir ouvert le feu, coordonner en les accomplissant très rapidement, presque instinctivement et à la fois, les manœuvres de tir et de pilotage... Les premières détonations scandent sèchement le ronronnement du moteur. L'avion surpris essaye d'amener l'assaillant dans sa zone de riposte possible... Tandis que l'observateur braque son arme, le pilote tente de se soustraire aux balles, pique afin de gagner de la vitesse, vire pour rentrer dans ses lignes. Dans la hantise du résultat imminent, dans l'acuité de la lutte, dans les difficultés sans cesse multipliées par la double mobilité du but et du tireur, le duel continue, sobre, acharné, sans merci. Les chargeurs se vident dans l'exaltation commune. Les balles s'éparpillent autour des ailes, touchent des organes secondaires, effleurent des parties essentielles, se perdent... jusqu'à ce qu'une

des mitrailleuses s'enraye ou que les munitions s'épuisent, jusqu'à ce qu'une pièce
importante soit frappée, contraignant à la
retraite... jusqu'à ce que le drame se dé-
noue par la chute effrayante d'un des deux
ennemis...

Le combat défensif est infiniment plus
impressionnant encore. Dans l'attaque, le
pilote se sent souvent le plus fort, car il
possède tous les avantages. Appareil meilleur à chaque point de vue : vitesse hori-
zontale, rapidité de montée, souplesse
absolue, armement spécialement aménagé,
initiative de l'offensive, direction du combat. Mais dans la défense... On peut malaisément concevoir l'horreur de nombreuses
situations aériennes qui doivent provoquer
les plus fortes sensations de guerre. Oh!
tandis qu'on effectue sa mission sur un

biplan lent et impropre à l'emploi courant
de la mitrailleuse, oh! sursauter à l'audi-
tion de coups de feu dont chacun martèle
le cœur; tressaillir jusqu'au plus intime
de son être de cette surprise sans recours
en plein ciel; découvrir, en une vision qui
s'imprime à jamais dans l'âme, l'apparition
subite, toute proche, fantomatique de l'aéroplane ennemi dont les détails revêtent
une précision de cauchemar; essayer de
riposter et souvent même ne pouvoir se
mettre en position de tir; vouloir échapper alors, piquer, virer, et ne point parve-
nir à s'éloigner de l'avion de chasse tellement plus vite et maniable; parfois, non
armé, ou par suite d'un enrayement de
mitrailleuse, chercher son salut dans la
démoralisation grandissante de la fuite;
pareil au naufragé qui sombre, scruter
anxieusement les horizons pour y trouver
une aide; tenter, par une descente dange-

reuse, de regagner les lignes; mesurer désespérément l'immensité vide du firmament qui ne tend même pas le brin d'herbe illusoire; attendre dans l'exiguïté du fuselage et l'affolement de l'inaction... attendre la chute épouvantable vers la terre lilliputienne, indifférente et léthargique... loin du sol ami, pourtant visible, où tout sourit paisiblement d'une douce quiétude; attendre en regardant l'implacable oiseau de proie... en entendant le crépitement régulier des détonations... en voyant les ailes déchirées, les montants cisaillés, les tendeurs coupés, la carlingue transpercée par les gerbes de balles...

Et tout cela peut n'être qu'un prélude. Parfois, l'observateur touché s'affaisse dans son siège. Sa dépouille lamentable se balance aux soubresauts de l'appareil sous les yeux de l'aviateur et l'éclabousse d'un sang tiède... Inlassablement, la mitrailleuse adverse continue de cracher le malheur...

Parfois le pilote est atteint... Agonisant, il cherche éperdument à réagir contre la douleur, il lutte par devoir et par instinct de conservation.

Épouvanté du sort qui le guette, son compagnon impuissant suit sur les traits contractés de celui dont dépend sa vie, le lent travail de la souffrance... Les balles, avec leur rictus sinistre, continuent leur œuvre dévastatrice... jusqu'à ce que la mort fige les membres du blessé... Et l'avion, abandonné à lui-même, tombe, tournoie, entraînant dans sa défaillance ultime l'observateur, spectateur horrifié de son inéluctable destinée...

... Le dénouement s'achève sous les cieux placides qui n'en recèlent aucune trace. L'aéroplane vaincu s'abat, telle une feuille morte tourbillonnant au vent. L'oiseau vainqueur, dans le couronnement de sa victoire, dans la libération momentanée de l'obsession qui l'a fait frissonner à son glacial contact, sous la joie exaltante de sa mission réussie, pour la gloire qu'elle donne, s'élance en un dernier frémissement d'intime bien-être, exécute des orbes savants et gracieux au-dessus de l'endroit où gît sa victime...

Mais quand la première fièvre du succès, succédant à la fièvre du combat, s'apaise; quand la mentalité de soldat redevient un peu par la force des choses une mentalité d'homme; quand le pilote victorieux a l'occasion d'aller rendre le suprême hommage aux restes affreusement déchiquetés de ses ennemis; quand, dans le calme de sa chambrette, il interrompt la lecture d'une lettre aimée pour regarder dans le vague, — est-ce parce qu'il redoute une défaite plus que

possible? parce qu'il s'attendrit inconsciemment en songeant aux familles de ceux
qu'il a tués? — l'aviateur dégrisé rêve douloureusement...

Ce qui ne l'empêche pas, quelques heures
plus tard, de repartir en chasse avec une
ardeur vivifiée.

CHAPITRE V

PSYCHOLOGIE D'AVIATEUR

Est-il possible de spécifier la psychologie de l' « aviateur »? Non. Il n'y a pas deux états d'âme identiques, et la faculté de sentir diffère avec chaque caractère. De plus, la mentalité des pilotes est passée par tant de phases depuis l'âge d'or de l'aviation jusqu'à nos jours, leur mobile a tellement évolué d'après leur idéal ou leur but, suivant le degré de la conquête de l'air et les circonstances au cours desquelles ils se sont adonnés avec plus ou moins d'enthousiasme à la pratique du ciel, enfin, le mélange de leur provenance sociale, la variété même et le contraste de leurs missions, —

tout cela en forme une figure complexe, multiple et imprécise.

Pourtant, l'emploi d'un mode de locomotion récemment créé, en somme, et loin de tomber dans le domaine public, produit une similitude de situations physiques et morales traçant des traits essentiels communs à presque tous et qui leur sont propres.

J'en ai connu beaucoup, de ces triomphateurs, de ces apôtres qui payèrent de leur sang un anonyme apostolat. Tant dorment maintenant de leur dernier sommeil! Et ce n'est plus qu'à travers le voile rigide du passé, sous l'oppression de l'ultime catastrophe, que je revois leur physionomie et leurs gestes, à terre près de l'oiseau débile, en vol dans leur tranquille audace, revenu au sol dans l'ivresse de leurs succès... ou la démoralisation de leurs déboires...

J'en ai connu dans l'intimité du nid,

dans la vie d'aérodrome, dans la fièvre des recherches et l'ardeur des concours; j'en ai rencontré pendant les heures révélatrices de l'apprentissage et de l'entraînement; je fréquente tous les jours leur nombreuse couvée; moi-même, enfant et puis soldat, j'ai partagé, je partage leur vie...

Sans doute, la psychologie de l'aviateur de guerre est beaucoup moins belle et spéciale que celle de l'aviateur qui volait avant ces temps de troubles, parce que pendant la guerre le danger, l'action d'éclat, l'héroïsme, la mort sont choses courantes développées en doses presque égales dans chaque arme. Mais, étant donné l'ambiance neuve que l'aviation engendre, à cause de la gloire et du prestige dont elle se couvre, vu l'importance et la diversité de son rendement, elle classe ses adeptes dans une catégorie à part.

… Souvent, quoiqu'on soit certain d'une issue favorable, il y a une vague arrière-pensée au moment de s'envoler. Elle provient de l'inconnu, de l'invisible dans lequel on s'élance. C'est si frêle, ces tendeurs, ces toiles, ces haubans auxquels on confie son existence! Tant d'énigmes, tant d'aléas posent l'incertitude de leur point d'interrogation! L'aile ne va-t-elle pas se briser? Peut-être. La cause mystérieuse et introuvable de tant d'acccidents ne va-t-elle pas se produire? Peut-être. Ne part-on pas pour ne plus revenir? Peut-être.

Cette appréhension se résume implicitement en une seconde, en cet instant où l'on quitte la sécurité coutumière pour aborder de plein gré le péril d'une vie intense de quelques heures. C'était profondément vrai jadis, à l'époque de la naissance de l'aile, où fréquemment les journaux publiaient le récit de la chute mortelle d'un sportsman célèbre, en manchette d'abord, puis plus tard en quelques lignes d'une sinistre sécheresse. C'est encore vrai aujourd'hui puisque le pilote militaire délaisse le confort d'une zone paisible pour faire subitement face aux traîtrises de l'air, de l'avion et aux obstacles dressés par l'ennemi pour l'empêcher d'accomplir sa mission.

Mais ce doute fugitif ne devient pas obsession. Au contraire, c'est un sentiment qui vous effleure comme pour souligner la douceur des heures calmes, l'attrait du danger, l'approche désirée d'aventures passionnantes, le plaisir de se rendre utile, la satisfaction créée par le devoir virilement voulu ou accepté.

Au début, le vol impressionnait par la quintessence de son inédit. Comme il était rare, l'aviateur ressentait chaque fois un trouble indéfini en abordant son oiseau. Nous l'éprouvons encore quand nous restons un certain temps sans quitter terre. Quelques minutes sont nécessaires pour se réhabituer au plein ciel et retrouver la précision de la manœuvre, la certitude du coup d'œil. Maintenant qu'il est naturel, moins dangereux, l'émotion devient proportionnelle à l'agrément que le pilote éprouve et au degré de sa formation. Elle diminue progressivement sans jamais disparaître. Car les jouissances de l'air sont multiples et diverses. Après la succession des plaisirs de l'apprentissage et de l'entraînement, viennent les nuances délicates qu'ajoutent le pilotage d'appareils de différentes marques dont les spécialités exigent une seconde étude, le dilettantisme fécond provoqué par les acrobaties de plus en plus savantes que l'on peut se permettre et le renouveau puissant des sensations de guerre qui en sont le principal aliment.

En feuilletant le martyrologe de l'aviation, au souvenir de la perte de tant de frères d'armes, on se dit bien, quelque soir de « cafard », qu'on se tue chacun à son tour et que le sien approche. Mais lorsqu'on part, grâce au fonds inépuisable d'optimisme propre à l'homme, on se répète : « Ce n'est pas pour cette fois-ci. » D'ailleurs ces réflexions s'évanouissent quand l'action commence, et si on les exprime parfois, c'est pour en rire.

Dès qu'on s'installe dans la nacelle, devenu l'âme du biplan, on est intimement lié à son sort. Une solidarité s'établit entre vous et lui. Toute défaillance de l'un a sa répercussion sur l'autre. Comme on

dirige un engin obéissant quoique pec-
cable, on sent peser sur soi le plus gros
poids de la responsabilité. Sous ces impressions physiques et morales, par la
vague contemplation du paysage, dans
l'émotivité restante, à travers l'engourdissement que provoquent la léthargie des
sites, la solitude grandiose et le silence
profond, on s'intéresse à la conduite de
son avion. Elle est une suite ininterrompue
de petits mouvements conjugués. Malgré
une placidité apparente, tout y est geste
rapide, décision raisonnée mais immédiate, réflexes acquis modifiés suivant les
cas, finesse de doigté. Chaque partie de
l'être travaille : les yeux exercent une
surveillance continuelle. Ils glissent du
sol aux ailes, des ailes aux instruments de
bord : l'altimètre, le compte-tour, l'indica-
teur de vitesse, la boussole, le niveau, la
carte, etc. L'oreille suit le ronflement du

moteur dont la sonorité constante indique la marche régulière. Souvent, la position même du corps donne le sens de l'équilibre. La tête juge et commande. Les membres accomplissent la manœuvre : les pieds assujettis dans les étriers, une main tenant le volant, l'autre agissant sur les manettes de réglage. De cette communion qui vous unifie à l'aéroplane, de l'essor qui vous isole du monde, naît une mentalité vraiment extra-terrestre. On est comme insensibilisé. Si des pensées éclosent, elles semblent lointaines et ne revêtent plus leur forme normale.

Le profane se représente malaisément la fascination grisante de certaines minutes : être seul, incroyablement seul, sans entraves, dans un double infini, sans le moindre lien, sans aucun point d'attache avec les hommes ; être seul, dans la diminution de tout, à garder sa grandeur ;

être seul à vibrer, à sentir, à vivre dans la rêverie somnolente des choses, cela produit dans l'âme une dilatation qui la rend d'autant plus immense que le monde est plus minuscule.

Rarement alors on songe au danger, et c'est plutôt par ironie qu'on se demande : « Tiens, si une commande se brisait? » En aviation, suffisamment courante aujourd'hui pour donner confiance à ses adeptes, toutes les situations critiques sont tellement brusques et passagères qu'elles se terminent sans se laisser étudier. Et l'instinct est si fort, l'attention si tendue pour accomplir les manœuvres adéquates, qu'on ne se dit jamais que c'est sa vie qu'on joue, et l'obstacle est franchi lorsqu'on l'aperçoit. Même en cas d'accident, la lutte du pilotage est si passionnante, si absorbante jusqu'au bout, qu'on entend à peine une voix qui crie intérieurement par une crispation de tout l'être : « Ça y est!... » Déjà la catastrophe est évitée ou l'écrasement a eu lieu... Et l'on poursuit tranquillement sa route... ou l'on se dégage des débris... ou l'on se réveille sur un lit d'hôpital dans une inconscience souffrante... ou l'on ne se réveille plus du tout...

Cette carrière impressionne surtout par réaction. Dans la quiétude du souvenir, on se remémore avec une émotion sincère et doublée ces minutes vécues en une intensité poignante. La rêverie frémit délicieusement à leur rappel. On repasse un à un les détails instinctivement enregistrés par la mémoire qui les restitue. Cette dissection s'arrête aux secondes les plus critiques et provoque une angoisse qu'on n'avait pu éprouver au moment même. On se dit ce que chacun de nous peut se dire après quelques centaines de vols : « Quelle chance j'ai eue d'en réchapper! » Et le bonheur parfois amer de vivre, tout ce qu'on a failli perdre et qu'on retrouve en paraît bien meilleur.

Mais, après ces alternatives qui remuent si profondément l'âme et la nourrissent, celle-ci ne ressentira-t-elle pas, au lendemain des combats, comme une désillusion, un désenchantement de ne plus s'abreuver de danger enivrant, de luttes, d'héroïsmes, apothéoses de son existence qui en est l'enjeu? Car c'est un des charmes de la cinquième arme de joindre le plaisir à l'utilité. Ou sa soif étanchée, toute vibrante de réminiscences, trouvera-t-elle plus enviable, après d'aussi troublantes aventures, la paix et les joies du nid?...

Si la guerre a nivelé la plupart des reliefs de la psychologie fondamentale de l'homme-oiseau, elle en produit de nouveaux et très intéressants. Il est curieux de remarquer que bien rarement les péripéties violentes qu'on vit fassent pâlir les premiers souvenirs attachés aux débuts en aéroplane. Les privilèges de l'aviation, la poésie du ciel, le goût du vol, font de l'aviateur une sorte de dilettante guerrier. Mais dilettante agissant exigeant une forte dose de courage naturel, d'entrain et d'énergie. Dilettante idéalisé par une menace de mort sans cesse renouvelée. Le trait principal du pilote militaire est la solitude dans le danger et la personnalité gardée, au cours des missions, dans l'isolement qui l'accentue. La cinquième arme ne permet pas l'anonymat commun aux quatre autres. Grâce à ses possibilités qu'elle agrandit sans cesse, le soldat de l'air sent directement son rôle, peut en prendre l'initiative, en compléter l'effet.

Tout est récent, spécial chez lui : la façon d'être en contact avec le danger et son genre, son caractère même, sa situation, la succession des alternatives inéluctables qui le harcèlent.

L'éloignement forcé de l'aérodrome à quelques kilomètres des lignes, la liberté relative dont on jouit, l'intérêt que chacun porte à l'entretien, à l'emploi de son avion, donnent à la vie en escadrille une ambiance de paix, un délassement possible, un certain charme invitant vers d'autres horizons que ceux de batailles et de mort. On s'envole pour un réglage de tir, une reconnaissance, un bombardement, une patrouille, comme on partait autrefois, — en cet autrefois si vieux, si lointain, — pour une radieuse randonnée aérienne, pour une vertigineuse course en auto, pour une agréable partie de chasse. Le sourire bleu de l'infini vous fascine après l'accablement des jours gris, une ardeur juvénile vous soulève après le repos imposé par les intempéries, et l'on se donne joyeux, en sport, au sport céleste. Sans transition, la quiétude, le farniente des heures précédentes se remplace par l'appel du péril, l'ivresse du grand air, la fébrilité de l'action. Après la sécurité, voici l'expectative intensifiée par le contraste. Et c'est du sport toujours, ce simple accomplissement de son devoir ou de son volontariat, cette lutte contre les éléments, contre son appareil, contre l'ennemi, contre soi-même parfois, contre tout ce qu'on affronte seul, dans la sensation nette de son esseulement, sans témoins et livré à ses propres moyens.

*
* *

Le tir anti-aérien et la chasse sont les bases de la guerre en plein ciel.

Se sentir directement et isolément en cause produit la plus forte impression. Quand les shrapnells vous poursuivent, on a si bien conscience de ne pas pouvoir se défendre, de n'être protégé par aucun geste instinctif, par aucun abri, fût-il illusoire, de devoir s'abandonner à la chance ou à la fatalité. On voit la lueur des coups de départ. On attend nerveusement les quelques secondes nécessaires au parcours de la trajectoire des obus. Puis ils éclatent, arrivés au point culminant, égrenant autour des ailes leur panache de fumée. Bruit sourd quand la portée est mauvaise. Détonation assez forte quand la justesse grandit. Explosion violente si la précision s'affirme.

Les premiers que l'on reçoit amusent en un mélange bizarre de fierté, d'émotion et de plaisir. Fierté de se savoir personnellement visé et seul en but. Émotion de se rappeler que jaillissent de ces petits nuages d'apparence inoffensive mille morceaux dont chacun peut être mortel. Plaisir d'échapper sain et sauf.

On les aime moins quand on constate leurs effets. C'est que, outre l'aviateur, tous les organes de l'appareil sont très vulnérables. En plus de l'éclat qui peut tuer le pilote — ou le mettre hors d'état de conduire, ce qui revient au même, — il y a celui qui touche le moteur ou l'hélice, le forçant à atterrir quel que soit l'endroit survolé; celui qui frappe une pièce, lui permettant à peine de revenir au sol avec des précautions multiples; celui qui brise un longeron, coupe ou coince une commande, et c'est la chute...

Puis on s'y habitue, tout en gardant un énervement variant suivant les dispositions du moment.

Chaque fois qu'un shrapnell explose,

c'est, si l'on est parvenu à dépister les artilléurs par une brusque manœuvre, une véritable jouissance et un puissant réconfort; s'il est éloigné, une gaieté railleuse; s'il est proche, un léger serrement au cœur, parfois un sursaut involontaire, puis, après un coup d'œil inquisiteur pour juger de la gravité des dommages, l'attente un peu plus anxieuse peut-être des suivants...

En somme, le tir anti-aérien crée une vive animation dans le vol. Fatigant ou démoralisant au cours de missions importantes, il dégage, en certaines heures, un charme très spécial qui, par la hasardise du jeu et la palpitation — sportive toujours — qu'il engendre, fait éprouver le besoin d'essuyer quelques salves, sans utilité, pour rien, pour le plaisir.

Lorsqu'une blessure sérieuse vous force à la retraite, le plus blessant est de ne pouvoir cacher ce résultat à l'ennemi et, en

survolant les tranchées d'où d'innombrables yeux vous guettent, de se sentir soupçonné peut-être d'une défaillance
par les soldats qui n'en voient pas la
cause.

L'autre ennemi est l'avion de chasse.
Rien d'aussi impressionnant qu'un combat.
Rien de plus dangereux. Toute l'âme vibre
au cours de la lutte dont la brièveté con-
dense l'émotion en un paroxysme de volonté. Hâte fébrile, forte tension nerveuse,
élan irrésistible pour celui qui attaque.
Seconde suprême de recul instinctif devant
l'irrémédiable, hantise douloureuse de l'issue, réaction violente pour celui qui est
surpris.

Le troisième danger est le plus obsé-
dant : la stupide panne qui vous arrête au
delà des lignes et vous force à descendre
en territoire occupé, vous livrant sans
gloire à l'horreur monotone de la vie de

prisonnier, élevant pour plus tard un voile de tristesse sur tous les souvenirs.

Ces dispositions particulières des facultés mentales s'agglomèrent, se précisent, s'amplifient suivant les caractères. Le tir anti-aérien fait le risque courant de la guerre. Le combat y ajoute quelque chose de fantastique et de moyenâgeux. L'arrêt de moteur, outre les aléas que présente un atterrissage de fortune, menace de la situation momentanément la plus terrible : l'incarcération.

Je ne parle plus des sensations spécialement provoquées par les différentes missions : j'ai essayé de les évoquer dans les quatre chapitres précédents.

Mais en général, quel orgueil de surplomber les contrées ennemies, de laisser vagabonder son imagination sur ces pays fermés dont on viole les défenses, de se savoir l'oiseau que l'on déteste, mais que l'on admire. Quel plaisir infiniment triste, quelle rancœur de contempler les régions envahies, de laisser errer ses regards au gré des souvenirs, de ne pouvoir envelopper cette nouvelle terre promise de tout son amour, ou plutôt de la saluer d'un amour précisé par la haine.

Les alternatives continuent de se suivre après la phase efficace de la sortie. On a échappé aux shrapnells, on a déjoué ou repoussé une attaque, on a maîtrisé son avion faiblissant. Abreuvé d'émotions, on s'en retourne à tire-d'ailes vers la tranquillité bien méritée de son centre. On se réjouit déjà du confort qu'on y compte retrouver. Hélas, bêtement, on peut être victime de la panne fatidique qui vous tue ou vous blesse sans gloire et sans utilité.

L'homme s'habituant à toutes les situations, on arrive à se croire plutôt en manœuvre qu'en guerre. On ne s'étonne plus des vides creusés autour de soi. Qu'importe puisqu'ils sont comblés! On ne s'étonne jamais que son voisin soit frappé. C'était fatal. On ne s'étonne pas de rester indemne. C'est logique. Jusqu'à ce que...

La vie au front s'écoule, hérissée d'aventures dont la suite la rend en quelque sorte normale. Longue, mélancolique malgré certains dehors de gaieté voulue, implacable au moment même. Douloureusement courte si l'on contemple les beaux jours, les beaux mois, les belles années qui s'enlisent invécues, perdues dans le passé. La mentalité primordiale se désagrège. Les passe-temps remplacent les occupations nobles ou intéressantes souvent impossibles. Et l'on aboutit à ce paradoxe décevant : vivre presque bestialement en sacrifiant tout, sa jeunesse, son bonheur, son existence même à un idéal, à une idée !

On se sent pénétré d'un engourdissement qui enténèbre. On sombre dans une léthargique indifférence. Tout semble avoir lieu à côté de la réalité. Un de vos compagnons se tue. Un camarade ne rentre pas de mission. Vous souffrez sincèrement dans un brusque retour de sensibilité. Puis l'oisiveté parasite d'où émerge la hasardise de vos actes vous reprend. Votre tristesse se résorbe en fatalisme : c'est la guerre ! Vous vous souvenez des disparus, des manquants, comme après le réveil on frémit de l'angoisse d'un cauchemar avec une anxiété lancinante et très réelle. Puis, ainsi que le grand jour chasse les hallucinations nocturnes, on rentre dans la trame coutumière des heures en attendant d'une attente énervée le retour incertain, lointain, nébuleux de temps meilleurs qu'on ne se représente plus.

Même les images aimées deviennent intermittentes, imprécises. Certes on n'oublie pas l'amour qui précéda ce cataclysme. Mais il surgit de l'ombre dans un éblouissement de rêve. On feuillette ces réminiscences comme les pages troublantes d'un roman invécu. Et le songe est si proche parfois qu'on ressent l'ivresse et le supplice de Tantale, qu'on poursuit désespérément jusqu'à ce qu'il s'éteigne dans l'indifférence retrouvée, le mirage impossible à atteindre.

Je crois cette mentalité vraie pour les soldats *à la ligne de feu,* quelle que soit leur arme, et plus spécialement chez ceux dont la famille, restée en pays envahi, ne peut entretenir par la correspondance et les revoirs, l'ardent réconfort, la caresse consolatrice, l'invisible présence que nous envions à nos frères favorisés.

*
* *

L'observateur en avion a une psychologie analogue mais avec de fortes nuances. Il reçoit plutôt les impressions par contre-coup. Généralement le shrapnell l'émeut moins, car, absorbé par sa mission, son esprit se fixe ailleurs et domine plus faci--ment les nerfs et l'imagination. L'abandon de sa vie à un autre; la passivité forcée et démoralisante dans le danger; l'impuissance qui le fait dans certaines circonstances spectateur de sa propre destinée; la conscience de savoir qu'il est inéluctablement attaché au sort de son pilote, avec cette aggravation qu'il meurt de la mort de l'aviateur en une chute horrible si ce der-

nier est mis dans l'impossibilité de conduire; la constation de dépendre uniquement de lui; telles sont les particularités
qui le travaillent. Son rôle demande une
confiance aveugle, une abnégation sans
borne et admirable.

Il reste un mot à dire sur l'esprit
d'équipe. La plupart des missions aériennes, sauf la chasse en monoplace et certains
raids de bombardement, sont effectuées à
deux. Les particularités de la cinquième
arme connues, on peut mieux se rendre
compte des situations courantes de ses
adeptes. Dans l'exiguïté du fuselage et
l'immensité du ciel, la hiérarchie s'efface.
Souvent l'aviateur — d'un grade subalterne
d'ordinaire — sent peser sur lui la majeure
partie de l'initiative, de la responsabilité,
du commandement. L'isolement et la lati-

tude auréolant la mission des équipiers
exigent — à travers le prisme des person-
nalités et des caractères — une similitude
de goûts, une connexion d'idées, une communion de sentiments dont le rapport en
fait la valeur. Ils doivent avoir une confiance entière et mutuelle, l'observateur
dans la maîtrise et le sang-froid de son
pilote, le pilote dans l'habileté et le courage de son observateur. Ainsi leurs forces
s'étayent, leurs qualités s'additionnent,
leur amour-propre surmonte une défaillance possible. On devrait s'occuper un
peu plus de psychologie pour la formation
des équipes. Car de cette rencontre de
deux hommes qui se complètent ou se
déplaisent dépend leur rendement. L'habitude et l'estime qui les lient, leur sympathie commune fondée sur le partage d'un
même danger, engendrent une compréhen-
sion instinctive et immédiate qui les unifie

et leur donne, au moment opportun, un puissant réconfort, une recrudescence d'audace et d'enthousiasme. Ils osent alors des actes que, chacun séparément, ils n'auraient pas ou moins bien posés avec un autre.

Cette étude ne serait pas complète si elle négligeait la superstition des aviateurs. Presque tous les pilotes sont superstitieux. Il faut entendre par là que la majorité a foi dans le fétiche choisi, quelque hétéroclite soit-il. N'est-ce pas naturel dans un domaine où la chance entre pour un si grand facteur? La chance qui vous protège des intempéries, des traîtrises de l'air, des surprises de l'avion, des embûches de l'ennemi; qui vous conduit par le bon chemin dans l'infinité sans routes du ciel à travers l'invisible jaillissement de balles et d'éclats

de shrapnells; la chance qui vous garde
miraculeusement indemne dans les débris
de votre appareil... Et cette dévotion atta-
chée à un symbole, le souvenir aimé qui le
colore, n'est-ce pas simplement un amour
confiant, une prière pour conjurer le mauvais sort?...

Voilà, rapidement esquissée, la mentalité générale des hommes-oiseaux. Elle
s'imprègne, en contraste avec les hideurs
de la guerre, de l'intérêt de leurs buts et
des charmes du vol. Elle reste spéciale à
cause de sa nouveauté, et, surtout, parce
qu'on la vit au plus quelques années : on
abandonne l'aviation, ou on en meurt.

En escadrille (front belge),
mars 1916-mars 1917.

TABLE DES MATIÈRES

CHAPITRE IV

CHAPITRE V

DEUXIÈME PARTIE
LA GUERRE EN AVION

CHAPITRE PREMIER

CHAPITRE II

CHAPITRE III

CHAPITRE IV

CHAPITRE V

PARIS

TYPOGRAPHIE PLON-NOURRIT ET Cie

Rue Garancière, 8

OUVRAGES COURONNÉS PAR L'INSTITUT, 1916

ACADÉMIE FRANÇAISE

PRIX DU ROMAN

LA VOCATION par AVESNES — Un volume in-16. 3 fr. 50

PRIX ALFRED NÉE

† GRANDMAISON (G^{al} DE).—En territoire militaire. *L'Expansion française au Tonkin.* 3 fr. 50

PRIX THÉROUANNE

FRIBOURG (ANDRÉ). — Les Martyrs d'Alsace et de Lorraine. Prix..... 2 fr. »

† USSEL (Vte JEAN D'). — Études sur l'année 1813 :
   La Défection de la Prusse. Prix..... 7 fr. 50
   L'Intervention de l'Autriche Prix..... 7 fr. 50

PRIX DAVAINE (prose)

MILAN (RENÉ).—Les Vagabonds de la gloire........ 3 fr. 50

ESTRE (HENRY D'). — D'Oran à Arras.................. 3 fr. 50

PRIX CHARLES BLANC

† FOVILLE (JEAN DE), directeur de la collection " Les Maîtres de l'Art ".

GIRODIE (ANDRÉ). — Martin Schongauer. Un volume in-8° avec 24 gravures..... 3 fr. 50

PRIX CALMANN LÉVY

† MALLERAY (L^t-C^{el} DE). — A travers l'Allemagne... 3 fr. 50

PRIX MONTYON

HENNEBOIS (CH.). — Aux mains de l'Allemagne..... 3 fr. 50

† CORNET (C^{ne}). — Au Tchad. Prix..... 4 fr. »

— A la Conquête du Maroc sud (1912-1913)..... 4 fr. »

† REY (C^{ne} PIERRE).—Les Broussards. *Dans le Golfe de Siam.* Prix..... 3 fr. 50

— Jacques Tissier, marsouin. Prix..... 3 fr. 50

NETTANCOURT-VAUBECOURT (JEAN DE). — En zigzag de Singapour à Moscou..... 3 fr. 50

† LINTIER (PAUL). — *Avec une batterie de 75. Ma Pièce.* Prix..... 3 fr. 50

MALLET (CHRISTIAN). — Étapes et Combats........ 3 fr. 50

BRUNEAU (LOUIS).—L'Allemagne en France. *Enquête économique*.............. 3 fr. 50

MASSIS (S^t-Lt HENRI). — Le Sacrifice............. 3 fr. 50

ACADÉMIE DES SCIENCES MORALES ET POLITIQUES

PRIX AUDIFFRED

BUFFIN (Baron). — La Belgique héroïque et vaillante. *Récits de combattants* .... 3 fr. 50